L'observation des oiseaux au Québec

Guy Huot

ÉDITIONS
BROQUET INC
418, chemin des Frênes, L'Acadie, Qc, J2Y 1J1
Tél. : (514) 357-9626 Fax : (514) 357-9625

Données de catalogage avant publication (Canada)

Huot, Guy
L'observation des oiseaux au Québec
3e éd. -
Comprend des réf. Bibliogr.
Publ. antérieurement sous le titre : L'observation des oiseaux. c1988.
ISBN 2-89000-384-1
1. Oiseaux - Observation - Québec (Province). 2. Oiseaux - Québec (Province). I. Titre. II. Titre : L'observation des oiseaux.
QL677.5H85 1994 598'.07234714 C94-941185-X

Couverture avant :
Oies des neiges : ©Michel Julien
Pic maculé : ©Pierre Brasseur
Chouette Cendrée : ©Michel Julien
Groupe d'observateurs : ©Diane Labonté
Merlebleu de l'Est : ©Diane Labonté

Couverture arrière :
«Les oiseaux : Réveil» :
Une oeuvre de Bernard Séguin-Poirier, artiste-peintre.

Assistance technique :
Camtec Photo
26, Notre-Dame est, Montréal, H2Y 1B9
Tél. : 875-5110

Éditions Broquet Inc.
Dépôt légal - Bibliothèque nationale du Québec
4e trimestre 1994

ISBN 2-89000-384-1

À Jadrino,
Pour son premier dessin *Guy aux oiseaux*
et tout ce temps passé depuis.
De ton père qui t'aime, même si tu
n'aimes pas les oiseaux rares

Guy

TABLE DES MATIÈRES

AVANT-PROPOS

Ce dimanche 31 octobre 1993, je rencontrais Bernard Séguin-Poirier pour la première fois. Je le connaissais déjà par ses œuvres abondantes et exceptionnelles; je possédais même un tableau dont le titre m'avait «appelé» : *L'ami des Oiseaux*. Ce jour-là débutait à sa résidence, une exposition thématique axée sur la fête de la Nativité. Mon amie et moi avons été «frappés» par une réalisation très spéciale, un genre de petit paravent où était enchâssé un émail sur cuivre : *Les Oiseaux de Nuit...* Nous avons échangé nos impressions avec M. Séguin-Poirier; la chaleur de la conversation aidant et la spontanéité des propos révélant une sincérité et une passion invitante, une amitié est alors née.

Je suis reparti cette fois-là avec une affiche que j'avais eu l'occasion d'admirer à plusieurs reprises : *Feux d'oiseaux.* Depuis, Bernard est devenu quelqu'un de particulier pour moi; lorsque je lui ai demandé la permission d'utiliser la reproduction de cette œuvre sur la converture arrière de *L'Observation des Oiseaux,* il a immédiatement accepté.

Cependant, la difficulté à en retracer la diapositive l'amena à chercher dans ses trésors et le dimanche 28 novembre, il m'offrait plutôt une création qui, selon lui, répondait davantage à ce que je voulais exprimer : *Les Oiseaux:Réveil.* C'est donc dans cette optique commune d'une complicité amicale que le «Réveil» apparaît ici... Le Reveil de l'Amitié, le Réveil d'une richesse inestimable; le

Partage de créateurs pour qui les émotions s'expriment à travers leurs réalisations, le Partage d'un idéal commun avec tous ceux qui veulent bien s'y arrêter et s'y intéresser. Pour couronner 20 ans d'observations du monde des oiseaux, quoi de mieux que cette expression poétique, cette vision artistique du Réveil aux oiseaux... un réveil à l'univers fascinant de la nature et à l'Amour de ce qui nous entoure.

Guy Huot

PRÉFACE

La nature qui nous entoure recèle une surprenante variété de formes, d'objets, d'êtres de toutes sortes. Dans le monde animal, les oiseaux présentent certes un aspect particulier : ils sont partout, à la portée de tous et d'une diversité souvent insoupçonnée. Le but de cet ouvrage est de vous faire découvrir une parcelle de l'univers fascinant des oiseaux. Ce n'est qu'un tremplin qui, je l'espère, saura vous donner une implulsion plus vive, un intérêt soutenu, pour un passe-temps qui vous comblera à la mesure de vos espérances et même au-delà. Les observations faites dans la région de Rigaud vous donneront une idée de l'ampleur de cette passionnante aventure. Chaque coin de pays mérite d'être ratissé de la même façon. Si vous en faites l'expérience, vous obtiendrez sûrement des résultats étonnants. Nul besoin de parcourir le monde pour découvrir ce qui est à portée de la main. Commencez par ce qui vous entoure : vous serez renversés par la richesse de votre environnement immédiat. C'est ainsi que j'ai pu découvrir une nouvelle espèce pour le Québec, simplement en visitant régulièrement tous les habitats différents de ma municipalité. Je ne faisais de l'observation que depuis deux ans lorsque cette chance inouie s'est produite en décembre 1975. Avec le temps, il vous sera toujours loisible d'agrandir votre domaine de connaissances.

INTRODUCTION

Une merveilleuse diversité.

Que vous demeuriez à la ville ou à la campagne, vous pouvez observer des oiseaux dans votre voisinage. Évidemment, certains milieux sont plus propices à l'observation de la faune ailée, mais chacun abrite une catégorie particulière. Ainsi, le Pluvier kildir est typique des champs, pâturages ou terrains en culture; l'Hirondelle rustique (l'Hirondelle des granges) se rencontre à la campagne et aux abords de la ferme; l'Engoulement d'Amérique est caractéristique du milieu urbain où l'on remarque plus facilement pigeons et moineaux. Les marécages, les marais, les forêts de feuillus, de conifères ou mixtes, les cours d'eau (rivières et fleuves), voilà autant d'habitats variés peuplés par une faune propre à chacun d'eux.

À la diversité due aux milieux distincts, s'ajoute celle créée par les saisons. L'hiver donne l'occasion de recevoir dans nos régions certains visiteurs venus du nord que l'on ne peut observer qu'en cette période de l'année. Aucune saison n'est saison morte : il suffit d'installer un poste d'alimentation et d'attirer les oiseaux autour de la maison pour en être aussitôt convaincu.

Le printemps et l'automne sont synonymes de migrations, mouvements massifs et périodiques qui amènent dans nos contrées des multitudes d'oiseaux de toutes sortes. L'été, par contre, permet à l'observateur patient d'apprendre beaucoup de choses au sujet des mœurs de la gent ailée. L'observation des oiseaux est donc possible en toutes saisons.

Mais c'est également possible à toute heure du jour, ou presque. Même la nuit offre l'occasion aux plus ambitieux de noter les agissements d'un groupe un peu particulier représenté surtout par les hiboux.

Mais, parce qu'ils évoluent dans l'obscurité, ces oiseaux sont souvent l'objet de superstitions, quand ce n'est de persécutions de toutes sortes. Pourtant, chaque être vivant a sa raison d'exister et l'existence de l'ensemble forme un lien qui maintient l'équilibre de la nature. Hélas, ce lien tend à sérieusement s'effilocher; chaque espèce en voie de disparition est un filin qui cède et qui compromet cet équilibre de plus en plus précaire. Même les oiseaux qualifiés injustement de mauvais augures sont pourtant indispensables. Avez-vous songé un instant au nombre incalculable de rongeurs qui pulluleraient autour des fermes si les hiboux et les rapaces diurnes ne combinaient leurs efforts continus pour limiter l'explosive fécondité de ces petites «pestes» ? Qui assurerait la vigueur de certaines races si l'oiseau de proie n'éliminait les plus faibles et les individus blessés ou malades ? Quelle apparence prendrait le rivage de nos cours d'eau sans le travail inlassable des éboueurs que sont les goélands ? Admirable donc que ce merveilleux agencement qui permet l'évolution. Et cette évolution, complexe et fragile à la fois, il revient à chacun de nous de voir à ce qu'elle se poursuive sans trop de heurts; l'être humain étant la plus sérieuse menace à son environnement, il nous faut être vigilants pour mieux protéger notre milieu de vie.

Les textes qui suivent vont vous permettre de prendre connaissance de ce monde particulier que composent les oiseaux. À titre d'introduction à cet univers captivant, nous allons explorer différents aspects de l'observation des oiseaux dans leur milieu naturel. En vous référant à la table des matières, vous avez un aperçu général de la façon dont j'ai traité le sujet : c'est une approche que j'ai voulu systématique mais qui reste jusqu'à un certain point personnelle. Pour que ce volume vous soit pleinement profitable, adaptez-le à votre personnalité. D'ailleurs, ce qui fait de l'observation des oiseaux un domaine si fascinant, c'est justement que chacun peut s'y adonner à sa façon, à son rythme, selon ses gouts et ses possibilités. C'est un passe-temps qui ne présente pas de contraintes véritables. Vous faites de ce loisir ce que vous voulez qu'il soit : activité agréable qui permet de relaxer et d'apprécier ce qui vous entoure et d'autant plus plaisante que vous progressez à votre convenance.

Si vous cherchez l'occasion de profiter du grand air, faites des excursions régulièrement. Si vous cherchez la détente, la tranquillité et le calme, les habitats variés où se trouvent les oiseaux vous offrent cette possibilité de paix. Si vous voulez un moyen d'évasion, une occasion de changer de rythme, prenez le temps d'observer le comportement des oiseaux et regardez-les agir. Si vous voulez satisfaire votre curiosité et si vous aimez les défis, l'identification des oiseaux peut combler cette attente. Si vous voulez ajouter du «sport» et de la compétition à ce loisir, entrez dans le jeu des listes d'oiseaux (l'arrivée la plus hâtive au printemps, le départ le plus tardif à l'automne, l'espèce rare en hiver, nombre de plus en plus grand d'observations en une journée, en un mois, en un an, etc.). Si vous aimez participer à des rencontres et activités sociales, les réunions organisées par différents clubs vous en donnent l'occasion. Si ce sont des connaissances nouvelles que vous voulez acquérir, l'étude des oiseaux vous ouvre un domaine intarissable; c'est même un domaine où vous pouvez aider à faire progresser les connaissances actuelles puisque l'ornithologie est une science en constante évolution.

Bref, tout ce que vous cherchez habituellement dans un loisir, l'observation des oiseaux vous l'offre.

NOUVELLE NOMENCLATURE :

Les espèces familières d'oiseaux peuvent porter plusieurs noms locaux ou dialectaux. Afin d'éviter des confusions, chaque pays ou communauté linguistique adopte pour son usage, outre les noms scientifiques, une liste de noms officiels. Les noms français employés dans ce livre sont donc ceux adoptés officiellement par la Commission internationale des noms français des oiseaux, et publiés en 1993 sous le titre *Noms français des Oiseaux du Monde,* aux Éditions MultiMondes. Certains des noms employés auparavant sont inscrits entre parenthèses.

La décision concernant l'utilisation de cette toute nouvelle nomenclature, a été prise par les Éditions Broquet.

L'auteur tient à souligner ici son désacord pour cette nomenclature et aurait préféré l'utilisation de la nomenclature publiée en 1989 par la Société Zoologique de Québec conjointement avec la nomenclature utilisée ici.

Observer les oiseaux...

© Diane Labonté

seul...

avec un ami...

© Diane Labonté

ou en groupe

© Diane Labonté

Une atmosphère...

© Diane Labonté

de détente...

et d'évasion

© Diane Labonté

Un monde...

© Michel Julien

de beauté...

et d'élégance

© Michel Julien

L'esthétique des formes...

© Hélène Vary

en vol...

ou perché

© Diane Labonté

L'exotisme...

© Diane Labonté

des couleurs...

de nos oiseaux venus d'ailleurs

© Diane Labonté

La fascination du vol : ...

© Michel Julien

puissance...

et énergie...

© Michel Julien

© Michel Julien

grâce…

et majesté

© Pierre Brasseur

Du commun ...

© Diane Labonté

© Pierre Brasseur

… à l'inusité

© Michel Julien

© Normand David

Autour de la maison ...

© Diane Labonté

© Michel Julien

... ou lors de migrations

© Michel Julien

© Michel Julien

Première partie

Des oiseaux...
...pour tous

L'ornithologie est la partie de la zoologie qui traite des oiseaux. L'observation ornithologique est l'étude en pleine nature de la vie d'êtres doués d'une particularité unique : les plumes.

Le matériel de base est simple : un bon livre d'identification et des jumelles. Bien entendu, il est toujours possible de compléter par des outils plus perfectionnés : un télescope, une enregistreuse à cassettes, un appareil photographique, des lentilles spéciales, un caméscope, etc. Mais ce n'est pas indispensable, et chacun y va selon ses moyens et son intérêt.

En ce qui concerne les jumelles, pour un montant abordable on peut se procurer un très bon outil : des **7 x 35** à «**Grand angle**» sont idéales pour débuter. Faute de fonds suffisants, un jeune adepte peut demander à ses parents de lui en dénicher une paire; il y a souvent quelqu'un de la famille qui a une bonne vieille paire de «longues-vues» qui traîne quelque part.

Ainsi donc, avec un minimum d'instruments (livre et jumelles), nous voici prêts à commencer l'étude des oiseaux.

LES INSTRUMENTS

LE LIVRE D'IDENTIFICATION

Pour être en mesure d'apposer un nom à cet oiseau qui vient manger le grain déposé par terre, pour nommer cet autre qui se déplace dans le feuillage ou encore celui que l'on aperçoit en vol au-dessus de la maison, il faut une source de renseignements facile à consulter, rapide à feuilleter et sûre pour identifier. Cet instrument, c'est le livre d'identification. Il présente d'un côté le dessin de chaque espèce étudiée alors que sur la page opposée, un texte concis donne les renseignements les plus pertinents. Souvent des silhouettes représentant une attitude typique, viennent étoffer le travail d'identification.

Le *Guide des oiseaux de l'Amérique du Nord* de Robbins suit très fidèlement l'ordre taxonomique généralement utilisé et pour chaque espèce; une carte miniature donne une excellente idée de l'aire de distribution de l'oiseau en toutes saisons. Le *Guide d'identification des oiseaux de l'Amérique du Nord* du National Geographic Society est magnifiquement illustré et donne une excellente description des espèces, ainsi qu'une carte de leurs aires de distribution particulières. Quant au guide *Les oiseaux de l'est de l'Amérique du Nord* de Peterson, en plus de ses description très détaillées et parfois assez pittoresque, et de ses illustrations soignées, il utilise des flèches pour attirer l'attention sur les traits caractéristiques de chaque oiseau illustré. Le «système Peterson» a révolutionné le monde de l'ornithologie en facilitant l'identification visuelle. Le principe est très simple : ce sont des traits extérieurs qui caractérisent chaque espèce et qui permettent ainsi de la distinguer de toutes les autres. Les cartes des aires de distribution se retrouvent à la fin du volume; étant plus grandes, elles sont plus détaillées que dans les deux autres guides .

Étant donné que **l'identification repose essentiellement sur un caractère typique du plumage,** il est important de connaître le vocabulaire relié à l'anatomie externe de l'oiseau. Jetez un coup d'œil sur la figure suivante : il n'y a qu'une quarantaine de mots à mémoriser.

ANATOMIE EXTERNE D'UN OISEAU

(bruant à joues marrons)

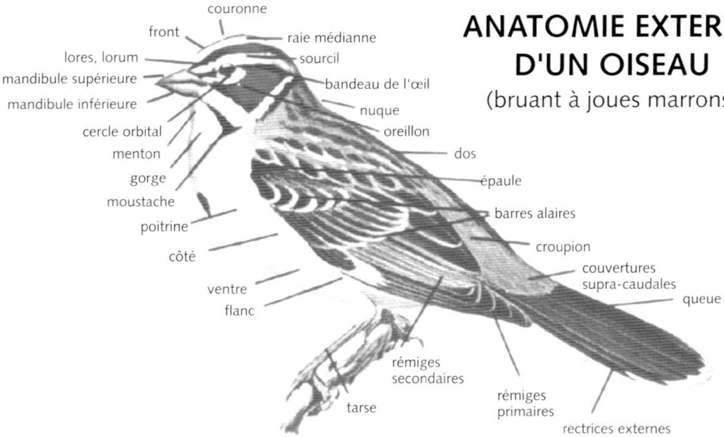

• Différence de taille selon la mesure prise : - en position naturelle (25 cm)
- en laboratoire (25 cm)

le BEC est formé de :

la **mandibule supérieure**,

la **mandibule inférieure**;

la TÊTE se divise en plusieurs parties :

le **front**,

la **couronne** ou calotte qui est le dessus de la tête,

la **raie médiane**, rayure qui marque parfois la tête,

le **sourcil** ou raie superciliaire,

le **bandeau** ou ligne de l'œil,

les **lores** ou lorum, situés entre le bec et l'œil,

les **oreillons ou auriculaires**, plumes recouvrant la région de l'oreille,

le **cercle orbital** ou tour de l'œil,

la **moustache**), à la base du bec;

le COU comprend :

le **menton**,

la **gorge**,

la **nuque**;

le DOS et le bas du dos ou

le **croupion** sont complétés par

la **queue** dont les plumes sont appelées

les **rectrices**, recouvertes par de petites plumes sur le dessus, soit

les **supra-caudales** ou sur-caudales et en dessous

les **sous-caudales**;

le CORPS de l'oiseau comprend également :

la **poitrine**,

les **côtés**,

les **flancs**,
le **ventre** ou abdomen;

les PATTES sont désignées comme étant :
les **tarses**;

l'AILE est formée de plumes appelées rémiges que l'on divise en :
rémiges primaires et
rémiges secondaires;
les **couvertures alaires** recouvrent les rémiges;
la base de l'aile est recouverte également d'un autre type de plumes :
les **scapulaires** sur le dessus et
les **axillaires** en dessous,
au milieu de l'aile, on retrouve quelques petites plumes :
les **alulaires** qui sont fixées à la courbure de l'aile où se situe
le **poignet**;
les **barres alaires** sont des lignes qui découpent l'aile de bandes de couleurs distinctes alors que
l'**épaule** peut également être distinctive et être désignée comme étant
l'**épaulette**;
le **miroir** est une région colorée sur le dessus de l'aile des canards.

PARTIES DE L'AILE

AILE DE CANARD VUE DE DESSOUS

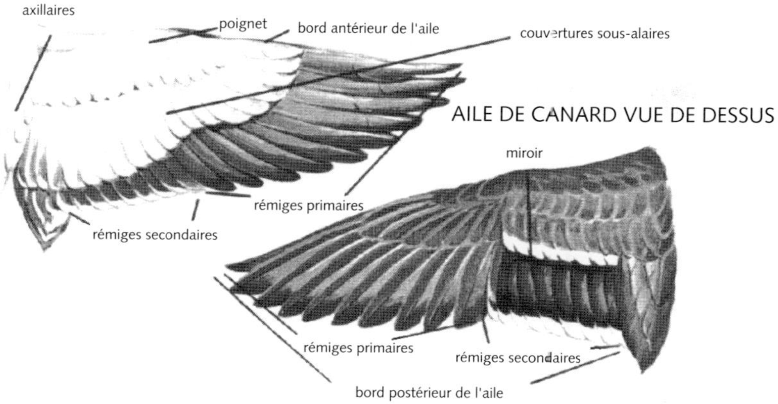

Comment utiliser le livre d'identification

Une connaissance approfondie de votre livre d'identification est indispensable pour tirer le meilleur parti possible de vos excursion sur le terrain. Voici quelques suggestions sur la façon de l'utiliser :

1- feuilletez fréquemment votre guide;
2- regardez d'abord les silhouettes au haut des pages;
3- jetez ensuite un rapide coup d'œil sur les dessins représentant chaque espèce
4- notez le nom de l'oiseau et associez-y le dessin;
5- étudiez les caractéristiques qui permettent de distinguer une espèce d'une autre;
6- lisez le texte se rapportant à chaque espèce;
7- notez la région où elle se rencontre (carte).

À titre d'exemple, prenons le cas de la Mésange à tête noire tiré du Guide d'identification Robbins :

mésange

MÉSANGE À TÊTE NOIRE
L 12cm

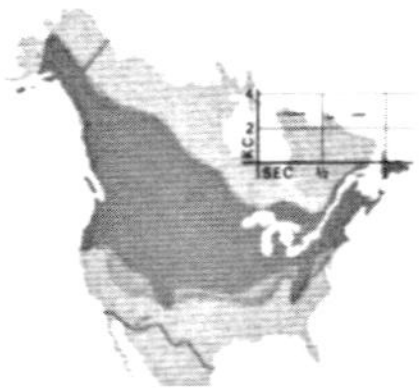

MÉSANGE À TÊTE NOIRE

Parus atricapillus
BLACK-CAPPED CHICKADEE

Commune. Se distingue de la M. de Caroline, dans l'aire de laquelle elle peut se voir en hiver, par ses flancs plus roussâtres, par le liséré blanc des plumes de l'aile et ses joues plus blanches; aussi plus confiante. Chant de deux notes facile à imiter, la deuxième un ton plus bas.

Il n'est pas nécessaire de toujours suivre l'ordre du livre; vous pouvez tout aussi bien ouvrir le livre au hasard et partir de cette page, ou encore vous pouvez vous attarder à un groupe en particulier, tels les canards, les rapaces, les goélands, etc.

Cependant, certaines recommandations s'avèrent utiles:

ayez toujours votre guide lors des excursions; prenez des notes écrites si nécessaire; une observation minutieuse est essentielle et il vaut mieux noter sur place que de se fier à sa mémoire; ne ratez pas les occasions de faire des excursions; l'expérience sur le terrain est irremplaçable; de fréquentes révisions et observations vous permettront de fixer en mémoire les caractéristiques de chaque espèce.

Avec le temps, vous trouverez une façon de procéder plus personnelle et mieux adaptée à votre style; mais n'oubliez pas que l'on peut toujours s'améliorer et se perfectionner.

Lorsqu'on commence à observer les oiseaux d'une région, on a avantage à consulter une liste régionale (check-list) pour mieux se retrouver; il en existe pour chaque centre urbain important ou secteur ornithologique. Par exemple, on peut se procurer de telles listes pour les régions de Montréal, Québec et Hull/Ottawa, en communiquant avec les clubs d'ornithologie de ces endroits respectifs.

À titre de référence, voici une liste partielle des principales espèces que vous êtes susceptibles de rencontrer lors de vos premières excursions. Prenez le temps de souligner chacun des noms qui suivent tout en étudiant l'illustration de l'oiseau. La nomenclature utilisée ici est celle adoptée officiellement par la Commission internationale des noms français des oiseaux. Certains des noms employés auparavant sont inscrits entre parenthèses.

Liste partielle d'espèces du Québec

HUARTS	**LOONS**
Plongeon Huard (Huart à collier)	Common Loon
GRÈBES	**GREBES**
Grèbe à bec bigarré	Pied-billed Grebe
CORMORANS	**CORMORANTS**
Cormoran à aigrettes	Double-crested Cormorant

HÉRONS et BUTORS	HERONS and BITTERNS
Butor d'Amérique	American Bittern
Grand Héron	Great Blue Heron
Héron vert	Green-backed Heron
Bihoreau Gris (B. à couronne noire)	Black-crowned Night Heron

OIES et CANARDS	GEESE and DUCKS
Oie des neiges	Snow Goose
Bernache du Canada	Canada Goose
Canard branchu	Wood Duck
Sarcelle à ailes vertes	Green-winged Teal
Canard noir	American Black Duck
Canard colvert	Mallard
Canard pilet	Northern Pintail
Sarcelle à ailes bleues	Blue-winged Teal
Canard souchet	Northern Shoveler
Canard chipeau	Gadwall
Canard d'Amérique (Canard siffleur d'Amérique)	American Wigeon
Fuligule à dos blanc (Morillon à dos blanc)	Canvasback
Fuligule à tête rouge (Morillon à tête rouge)	Redhead
Fuligule à collier (M. à collier)	Ring-necked Duck
Fuligule milouinan (Grand Morillon)	Greater Scaup
Petit Fuligule (Petit Morillon)	Lesser Scaup
Eider à duvet	Common Eider
Harelde kakawi (Canard kakawi)	Oldsquaw
Macreuse noire (M. à bec jaune)	Black Scoter
Macreuse à front blanc	Surf Scoter
Macreuse brune (Macreuse à ailes blanches)	White-winged Scoter
Garrot à œil d'or	Common Goldeneye
Petit Garrot	Bufflehead

Harle couronné (Bec-scie couronné)	Hooded Merganser
Grand harle (Grand Bec-scie)	Common Merganser
Harle huppé (Bec-scie à poitrine rousse)	Red-breasted Merganser
BALBUZARDS	**OSPREYS**
Balbuzard pêcheur (Balbuzard)	Osprey
ÉPERVIERS, BUSES et BUSARDS	**HAWKS**
Busard Saint-Martin	Northern Harrier
Épervier brun	Sharp-shinned Hawk
Autour des palombes	Norhern Goshawk
Buse à épaulettes	Red-shouldered Hawk
Petite buse	Broad-winged Hawk
Buse à queue rousse	Red-tailed Hawk
Buse pattue	Rough-legged Hawk
FAUCONS	**FALCONS**
Crécerelle d'Amérique	American Kestrel
Faucon pèlerin	Peregrine Falcon
FAISANS et PERDRIX	**PHEASANTS and PARTRIDGES**
Perdrix grise	Gray Partridge
Faisan de Colchide (Faisan de chasse)	Ring-necked Pheasant
GÉLINOTTES	**GROUSES**
Gélinotte huppée	Ruffed Grouse
RALES, GALLINULES et FOULQUES	**RAILS, GALLINULES and COOTS**
Râle de Virginie	Virginia Rail
Marouette de Caroline (Râle de Caroline)	Sora

Gallinule poule d'eau (Poule d'eau)	Common Moorhen
Foulque d'Amérique	American Coot
PLUVIERS	**PLOVERS**
Pluvier argenté	Black-bellied Plover
Pluvier bronzé (Pluvier doré d'Amérique)	Lesser Golden-Plover
Pluvier semipalmé	Semipalmated Plover
Pluvier kildir	Killdeer
BÉCASSES, BÉCASSINES, MAUBÈCHES et BÉCASSEAUX	**WOODCOCKS, SNIPES and SANDPIPERS**
Grand Chevalier	Greater Yellowlegs
Petit Chevalier	Lesser Yellowlegs
Chevalier solitaire	Solitary Sandpiper
Chevalier grivelé (Chevalier branlequeue)	Spotted Sandpiper
Maubèche des champs	Upland Sandpiper
Tournepierre à collier	Ruddy Turnstone
Bécasseau maubèche	Red Knot
Bécasseau sanderling	Sanderling
Bécasseau semipalmé	Semipalmated Sandpiper
Bécasseau minuscule	Least Sandpiper
Bécasseau à croupion blanc	White-rumped Sandpiper
Bécasseau à poitrine cendrée	Pectoral Sandpiper
Bécasseau variable	Dunlin
Bécassin roux (Bécasseau roux)	Short-billed Dowitcher
Bécassine des marais	Common Snipe
Bécasse d'Amérique	American Woodcock
GOÉLANDS, MOUETTES et STERNES	**GULLS and TERNS**
Mouette de Bonaparte	Bonaparte's Gull
Goéland à bec cerclé	Ring-billed Gull

Goéland argenté	Herring Gull
Goéland arctique	Iceland Gull
Goéland bourgmestre	Glaucous Gull
Goéland marin (G. à manteau noir)	Great Black-backed Gull
Sterne pierregarin	Common Tern
Guifette noire	Black Tern
PIGEONS et TOURTERELLES	**PIGEONS and DOVES**
Pigeon biset	Rock Dove
Tourterelle triste	Mourning Dove
COULICOU	**CUCKOO**
Coulicou à bec noir	Black-billed Cuckoo
HIBOUX et CHOUETTES	**OWLS**
Petit-Duc maculé	Eastern Screech-Owl
Grand-Duc d'Amérique	Great Horned Owl
Harfang des neiges	Snowy Owl
Chouette rayée	Barred Owl
Hibou moyen-duc	Long-eared Owl
Hibou des marais	Short-eared Owl
Petite Nyctale	Northern Saw-whet Owl
ENGOULEVENTS	**GOATSUCKERS**
Engoulevent d'Amérique	Common Nighthawk
Engoulevent bois-pourri	Whip-poor-will
MARTINETS	**SWIFTS**
Martinet ramoneur	Chimney Swift
COLIBRIS	**HUMMINGBIRDS**
Colibri à gorge rubis	Ruby-throated Hummingbird
MARTINS-PÊCHEURS	**KINGFISHERS**
Martin-pêcheur d'Amérique	Belted Kingfisher

PICS	WOODPECKERS
Pic maculé	Yellow-bellied Sapsucker
Pic mineur	Downy Woodpecker
Pic chevelu	Hairy Woodpecker
Pic tridactyle	Three-toed Woodpecker
Pic à dos noir	Black-backed Woodpecker
Pic flamboyant	Northern Flicker
Grand Pic	Pileated Woodpecker
TYRANS et MOUCHEROLLES	**FLYCATCHERS**
Moucherolle à coté olive	Olive-sided Flycatcher
Pioui de l'Est	Eastern Wood-Pewee
Moucherolle des aulnes	Alder Flycatcher
Moucherolle tchébec	Least Flycatcher
Moucherolle phébi	Eastern Phoebe
Tyran huppé	Great Crested Flycatcher
Tyran tritri	Eastern Kingbird
ALOUETTES	**LARKS**
Alouette hausse-col (Alouette. cornue)	Horned Lark
HIRONDELLES	**SWALLOWS**
Hirondelle noire	Purple Martin
Hirondelle bicolore	Tree Swallow
Hirondelle à ailes hérissées	Northern Rough-winged Swallow
Hirondelle de rivage	Bank Swallow
Hirondelle à front blanc	Cliff Swallow
Hirondelle rustique (Hirondelle des granges)	Barn Swallow
GEAIS et CORNEILLES	**JAYS and CROWS**
Mésangeai du Canada (Geai du Canada)	Gray Jay
Geai bleu	Blue Jay

Corneille d'Amérique	American Crow
Grand Corbeau	Common Raven
MÉSANGES	**CHICKADEES**
Mésange à tête noire	Black-capped Chickadee
Mésange à tête brune	Boreal Chickadee
SITTELLES	**NUTHATCHES**
Sittelle à poitrine rousse	Red-breasted Nuthatch
Sittelle à poitrine blanche	White-breasted Nuthatch
GRIMPEREAUX	**CREEPERS**
Grimpereau brun	Brown Creeper
TROGLODYTES	**WRENS**
Troglodyte familier	House Wren
Troglodyte mignon (T. des forêts)	Winter Wren
Troglodyte des marais	Marsh Wren
ROITELETS	**KINGLETS**
Roitelet à couronne dorée	Golden-crowned Kinglet
Roitelet à couronne rubis	Ruby-crowned Kinglet
MERLES et GRIVES	**THRUSHES**
Merlebleu de l'Est	Eastern Bluebird
Grive fauve	Veery
Grive à dos olive	Swainson's Thrush
Grive solitaire	Hermit Thrush
Grive des bois	Wood Thrush
Merle d'Amérique	American Robin
MOQUEURS	**MIMIC THRUSHES**
Moqueur chat	Gray Catbird
Moqueur roux	Brown Thrasher

PIPITS	**PIPITS**
Pipit d'Amérique	American Pipit
JASEURS	**WAXWINGS**
Jaseur boréal	Bohemian Waxwing
Jaseur d'Amérique (Jaseur des cèdres)	Cedar Waxwing
PIES-GRIÈCHES	**SHRIKES**
Pie-grièche grise	Northern Shrike
Pie-grièche migratrice	Loggerhead Shrike
ÉTOURNEAUX	**STARLINGS**
Étourneau sansonnet	European Starling
VIRÉOS	**VIREOS**
Viréo à tête bleue	Solitary Vireo
Viréo mélodieux	Warbling Vireo
Viréo de Philadelphie	Philadelphia Vireo
Viréo aux yeux rouges	Red-eyed Vireo
PARULINES	**WOOD WARBLERS**
Paruline obscure	Tennessee Warbler
Paruline à joues grises	Nashville Warbler
Paruline à collier	Northern Parula
Paruline jaune	Yellow Warbler
Paruline à flancs marron	Chestnut-sided Warbler
Paruline à tete cendrée	Magnolia Warbler
Paruline tigrée	Cape May Warbler
Paruline bleue (Paruline bleue à gorge noire)	Black-Throated Blue Warbler
Paruline à croupion Jaune	Yellow-rumped Warbler
Paruline à gorge noire (Paruline verte à gorge noire)	Black-throated GreeN Warbler
Paruline à gorge orangée	Blackburnian Warbler

Paruline à poitrine baie	Bay-breasted Warbler
Paruline rayée	Blackpoll Warbler
Paruline noir et blanc	Black-and-white Warbler
Paruline flamboyante	American Redstart
Paruline couronnée	Ovenbird
Paruline des ruisseaux	Northern Waterthrush
Paruline triste	Mourning Warbler
Paruline masquée	Common Yellowthroat
Paruline à calotte noire	Wilson's Warbler
Paruline du Canada	Canada Warbler

TANGARAS	**TANAGERS**
Tangara écarlate	Scarlet Tanager

CARDINALS, PASSERINS et BRUANTS	**CARDINALS, BUNTINGS and SPARROWS**
Cardinal rouge	Northern Cardinal
Cardinal à poitrine rose	Rose-breasted Grosbeak
Passerin indigo	Indigo Bunting
Tohi à flancs roux	Rufous-sided Towhee
Bruant hudsonien	American Tree Sparrow
Bruant familier	Chipping Sparrow
Bruant des champs	Field Sparrow
Bruant vespéral	Vesper Sparrow
Bruant des prés	Savannah Sparrow
Bruant fauve	Fox Sparrow
Bruant chanteur	Song Sparrow
Bruant des marais	Swamp Sparrow
Bruant à gorge blanche	White-throated Sparrow
Bruant à couronne blanche	White-crowned Sparrow
Junco ardoisé	Dark-eyed Junco
Bruant des neiges	Snow Bunting

STURNELLES, CAROUGES, ORIOLES, QUISCALES et VACHERS	**MEADOWLARKS, BLACKBIRDS and ORIOLES**
Goglu des prés (Goglu)	Bobolink
Carouge à épaulettes	Red-winged Blackbird
Sturnelle des prés	Eastern Meadowlark
Quiscale rouilleux	Rusty Blackbird
Quiscale bronzé	Common Grackle
Vacher à tête brune	Brown-headed Cowbird
Oriole du Nord	Northern Oriole
FRINGILLIDÉS	**FINCHES**
Durbec des pins	Pine Grosbeak
Roselin pourpré	Purple Finch
Bec-croisé rouge	Red Crossbill
Bec-croisé bifascié (Bec-croisé à ailes blanches)	White-winged Crossbill
Sizerin flammé	Common Redpoll
Tarin des pins (Chardonneret des pins)	Pine Siskin
Chardonneret jaune	American Goldfinch
Gros-bec errant	Evening Grosbeak
MOINEAUX	**WEAVER FINCHES**
Moineau domestique	House Sparrow

LES JUMELLES

Pour le débutant, le choix des jumelles présente souvent un sérieux problème étant donné la variété de modèles, la gamme étendue des prix, les nombreuses marques mises sur le marché, etc. Cependant, lorsque vient le temps de se procurer ses premières jumelles destinées à l'observation des oiseaux, quelques petits indices vous guideront dans l'achat d'un instrument approprié.

Sur chaque appareil apparaissent des données numériques permettant d'en déterminer les qualités. D'abord une combinaison de deux nombres (ex. : 7 x 35). Le premier chiffre indique le grossissement de l'appareil; donc, dans l'exemple donné, un objet placé à 70 mètres est rapproché à 10 mètres, soit un grossissement de 7. Le deuxième nombre correspond au diamètre de la plus grosse lentille (l'objectif), diamètre mesuré en millimètres; 35 millimètres pour l'objectif de notre exemple. Il est très important de voir à ce que le rapport entre les deux chiffres soit au moins de 5; ici, 35/7 = 5, ou, si vous préférez, 5 fois 7 égale 35. Dans le cas de jumelles à prismes conventionnels, le rapport 5 assure d'un bon éclairage, tout en donnant une image nette et bien définie.

Un autre facteur à surveiller est le champ de vision donné par les jumelles. Un appareil standard donne un champ de vision de 5° environ, alors que si vous choisissez des jumelles sur lesquelles apparaît la mention «**grand angle**» (wide angle, extra wide angle, 180 m à 1 000 m ou encore 10°) vous bénéficiez d'un champ d'observation plus grand, ce qui est très avantageux pour un débutant : on peut ainsi localiser un oiseau plus facilement et plus rapidement. Attention cependant à la qualité de l'image obtenue; dans certains cas, la partie centrale est bonne mais les bords sont plutôt flous. Il vaut mieux comparer plusieurs paires de jumelles pour s'en faire une idée; prenez votre temps, un bon achat dure plus longtemps...

À part les points mentionnés précédemment, il existe plusieurs petits détails qui viennent ajouter au «confort» des jumelles. Ainsi, le recouvrement en caoutchouc de l'oculaire (petite lentille) au lieu d'un fini plastique peut sembler sans importance, mais combien plus pratique en hiver... Et la molette d'ajustement : il existe des modèles où cette roulette est assez large pour être manœuvrée avec deux ou trois doigts, ce qui, en plus de donner plus de souplesse à l'ajustement, est plus rapide que de travailler avec un seul doigt. Il y a bien sûr un ajustement instantané sur certains modèles — «insta-focus», par exemple, avec un genre de petit plateau basculant — mais ce «gadget» n'est pas vraiment avantageux. La même remarque s'applique au «zoom».

Vérifiez toujours deux choses sur chaque appareil :

— ce doit être un appareil à prismes;

— les lentilles doivent avoir été traitées de façon à donner une image de meilleure qualité «coated lenses» ou «coated optics».

Enfin, achetez un instrument avec lequel vous vous sentez à l'aise (certains alliages métalliques rendent les jumelles plus légères).

Si vous êtes vraiment décidé et prévoyez un usage de plusieurs années, alors un investissement d'au moins cent dollars est beaucoup plus rentable : une bonne paire de

150 $ est supérieure à trois de 50 $ et dure plus longtemps, tout en étant protégée par une garantie étendue. Il y en a pour tous les budgets dans ce domaine, les prix allant de 30 $ à 1 500$. Si vos moyens et votre intérêt vous le permettent, recherchez des marques reconnues, plus coûteuses mais plus sûres. Il y a maintenant sur le marché des jumelles «compactes»; pratiques et légères, ces modèles sont très recommandables.

Comment ajuster des jumelles à sa vue

À l'achat d'une paire de jumelles, on fournit habituellement un dépliant expliquant la marche à suivre pour ajuster les jumelles à sa vue.

La meilleure façon de procéder est de regarder un écriteau ou panneau de signalisation; on met alors une main devant l'objectif de droite et on fait la mise au point de façon à obtenir une image nette et de manière à pouvoir lire facilement les lettres de l'écriteau.

Sans toucher à cette mise au point, on place ensuite une main devant l'objectif de gauche et on ajuste l'oculaire de droite pour obtenir une image aussi précise que celle du premier réglage. Remarquez que la partie mobile de l'oculaire droit se déplace vis-à-vis certains traits gravés sur l'armature de la jumelle; retenez la position que vous venez d'avoir (le plus souvent indiquée par un zéro et des signes positif et négatif). On a habituellement un œil plus «fort» que l'autre et cet ajustement permet de faire les corrections appropriées.

Finalement, «dépliez» les jumelles de façon à obtenir deux images séparées; repliez-les ensuite jusqu'à ce que vous n'obteniez qu'une seule image très nette. Regardez alors la position indiquée par un point de repère entre les deux sections de la jumelle. Ce point est normalement placé face à un certain nombre de graduations, parfois numérotées entre 60 et 70; ceci correspond à la distance entre vos deux yeux, distance mesurée en millimètres.

Vous êtes maintenant prêts à partir à la chasse aux images. Chaque fois que vous utilisez vos jumelles après un certain temps d'inactivité, vérifiez bien ces deux ajustements; cela vous évitera une image brouillée au moment de vous en servir.

LES MOYENS

COMMENT ÉTUDIER LES OISEAUX

Il existe autant de façons de procéder qu'il y a de personnes différentes. En fait, ce que nous vous suggérons est une méthode générale à laquelle vous pouvez apporter toutes les variations qui vous conviennent. Le meilleur moyen, c'est d'y aller **progressivement :** lentement... mais sûrement.

1- Commencez **d'abord** par apprendre à reconnaître **les espèces les plus familières,** les plus communes. Prenez le temps d'examiner avec soin un oiseau que vous voyez pour la première fois ou que vous observez pour la première fois. À titre d'exemple, essayez de faire une description détaillée d'un Moineau domestique ou demandez à quelqu'un de le faire pour vous : vous serez surpris du peu d'attention que l'on porte généralement aux oiseaux les plus communs...
2- Quand vous observez un oiseau, notez tous les détails que vous remarquez; s'il le faut, et c'est même ce qui est à conseiller très fortement. **Prenez des notes** écrites de ce que vous voyez (un calepin et un crayon suffisent et s'apportent facilement).
3- Vous pourrez **ensuite comparer** plus aisément ce que vous avez vu **avec les illustrations du livre d'identi-**

fication. L'idéal est de pouvoir comparer immédiatement sur le terrain l'oiseau observé avec l'illustration du livre, et d'en étudier les caractéristiques «en pleine action».

4- Une fois l'excursion terminée, revoyez les dessins représentant l'oiseau observé et **lisez** ensuite **le texte** se rapportant à l'espèce que vous venez de rencontrer.

5- Faites cette démarche **chaque fois** que vous voyez une **nouvelle espèce** et vous pourrez ainsi dresser peu à peu une liste d'oiseaux que vous pourrez identifier à coup sûr. Rappelez-vous que rien ne presse... vous avez tout votre temps. Si cette fois vous n'avez pu apposer un nom à un oiseau, vous aurez certainement la chance de vous reprendre à un autre moment.

Le cas le plus simple est celui où l'oiseau observé éveille instantanément une image correspondant à ce que le guide présente. Mais lorsqu'on est en présence d'un oiseau que l'on n'arrive pas à identifier tout de suite, voici **quelques points à noter** qui faciliteront **l'identification visuelle :**

— la grosseur;
— la silhouette;
— les marques particulières;
— les couleurs.

Ces différents éléments constituent **un tout**.

La grosseur

Pour avoir une **idée relative de la grosseur** d'un oiseau, on se sert de certaines espèces communes comme point de comparaison :

le moineau (environ 15 cm)
le merle (environ 20 cm)
le pigeon (environ 30 cm)
la corneille (environ 45 cm)

Ainsi, pour décrire un oiseau quelconque, on mentionnera qu'il est de la grosseur d'un moineau ou encore que ses dimensions se situent entre celles du moineau et du merle, etc. On ne peut pas se fier à la grosseur de façon absolue dans la plupart des cas, étant donné qu'on peut souvent être victime d'illusions d'optique occasionnées par le «fond de paysage»; de plus, l'éclairage prévalant à l'extérieur peut faire paraître un oiseau différemment selon que le ciel est sombre ou clair; regardez un goéland dans ces deux cas et il vous semblera qu'il n'est pas de la même grosseur. Donc, cet aspect doit généralement être combiné à un autre élément pour servir à l'identification.

La silhouette

La forme et l'aspect général permettent souvent de **rattacher l'oiseau à un groupe particulier** et de délimiter de façon plus précise le champ de recherche. Les principales silhouettes sont d'ailleurs représentées ici.

1. Plongeon (Huart)
2. Grèbe
3. Cormoran
4. Oie
5. Canard de surface
6. Canard plongeur
7. Eider
8. Harle (Bec-scie)
9. Épervier
10. Buse
11. Faucon
12. Héron
13. Râle
14. Foulque
15. Pluvier (petit)
16. Pluvier (grand)

1. Plongeon (Huart)
2. Grèbe
3. Cormoran
4. Oie
5. Canard de surface
6. Canard plongeur
7. Eider
8. Harle (Bec-scie)
9. Epervier
10. Buse
11. Faucon
12. Héron
13. Râle
14. Foulque
15. Pluvier (petit)
16. Pluvier (grand)

17. Goéland
18. Sterne
19. Pigeon

20. Tourterelle
21. Coulicou
22. Chouette

23. Engoulevent bois-pourri
24. Engoulevent d'Amérique
25. Martinet

26.  29.  32. 

27.  30.  33. 

28.  31.  34. 

26. Pic
27. Moucherolle
28. Hirondelle rustique (H. des granges)
29. Geai
30. Corneille
31. Mésange
32. Sittelle
33. Grimpereau
34. Troglodyte

35. 

38. 

41. 

36. 

39. 

42. 

37. 

40. 

43. 

35. Moqueur
36. Merle
37. Roitelet

38. Pipit
39. Jaseur
40. Pie-grièche

41. Viréo
42. Paruline
43. Moineau

44. 

46. 

48. 

45. 

47. 

49. 

44. Oriole
45. Quiscale
46. Gros-bec
47. Roselin
48. Pinson
49. Bruant

Étudiez-les bien et essayez de vous familiariser avec bon nombre d'entre elles. Avec de la pratique, on reconnaît même plusieurs oiseaux en ne voyant que leur silhouette. Dans les livres d'identification, on souligne aussi quelquefois la silhouette de certains groupes. Il ne faut pas oublier non plus les illustrations apparaissant au haut de plusieurs pages et qui donnent des indices supplémentaires au débutant, lui permettant de cataloguer plus facilement les différentes catégories d'oiseaux.

Ainsi, les hérons se reconnaissent comme étant des oiseaux à long bec, long cou et longues pattes; les canards, quant à eux, sont des oiseaux trapus au bec aplati et aux pattes courtes.

Consultez dans votre guide d'identification le paragraphe descriptif paraissant au début de chaque ordre, famille ou groupe important et rattachez-y les silhouettes correspondantes.

Marques particulières

Le bec, la tête, la poitrine, les ailes, la queue et les pattes, voilà autant de points à scruter : agissez tout comme si vous aviez à décrire votre observation à quelqu'un qui n'a jamais vu cet oiseau et de façon à ce qu'il puisse s'en faire une image aussi exacte que possible.

Pour y arriver, apprenez à utiliser les termes précis qui servent à décrire le plumage et l'anatomie externe d'un oiseau. Reportez-vous aux dessins (pages 32–35) où l'on a indiqué les termes correspondants à chaque point particulier pouvant devenir bien souvent un caractère d'identification important.

Les couleurs

Ce point est de loin celui qui est le plus facilement remarqué, et c'est souvent l'élément déterminant de l'identification; mais on doit se méfier des effets causés par l'éclairage extérieur, les jeux d'ombres et de lumière, de même que le paysage formant l'arrière-plan. Rappelez-vous que les couleurs illustrées dans les livres sont toujours celles obtenues dans des conditions idéales de luminosité, ce qui n'est certes pas le cas la plupart du temps en excursion.

De plus, il existe chez plusieurs espèces des variations de teintes qui font que l'oiseau observé n'est pas tout à fait «comme dans le livre...».

Souvenez-vous également que le livre est votre guide de départ et qu'une fois qu'il vous a permis d'identifier un oiseau, c'est l'oiseau observé qui, dès lors, devrait vous servir de guide pour reconnaître les individus de la même espèce, une observation minutieuse vous ayant permis d'en faire votre point de comparaison.

Pour bien apprendre et bien fixer en mémoire les caractéristiques, écrivez en détail tout ce que vous avez remarqué, du moins chaque fois que vous voyez une espèce nouvelle; vous pourrez ainsi mémoriser plus facilement. De plus, en comparant votre description et vos notes d'observation au texte correspondant du volume, vous saurez ce que vous avez bien vu et ce que vous devrez surveiller plus attentivement la prochaine fois...

Vous réaliserez ainsi qu'il ne suffit pas d'avoir vu un oiseau une fois pour tout savoir à son sujet.

Voici deux exemples d'utilisation de ces éléments d'identification :

1° —on aperçoit un oiseau de bonne grosseur sur la rivière;
—par sa silhouette, on le catalogue dans le groupe des canards;
—on note les marques particulières d'un canard posé : bec, tête et poitrine;
—le bec mince et effilé appartient aux Harles (becs-scies);
—la tête échevelée élimine le Grand Harle (Grand Bec-scie) mâle;
—la poitrine marquée d'une bande sombre identifie alors le Harle huppé (Bec-scie à poitrine rousse) mâle;
—de bonnes conditions d'observation permettent de compléter l'identification à l'aide des couleurs;

2° —un oiseau de grosseur imposante survole un champ;
—sa silhouette nous indique qu'il s'agit d'une buse;
—la marque particulière à noter est la queue;
—la queue est blanche, bordée d'une bande sombre : c'est une Buse pattue;
—les couleurs viennent compléter l'identification.

D'autres indices peuvent parfaire cette technique d'identification visuelle, tout en donnant l'occasion de remarquer plusieurs points se rapportant au mode de vie de l'oiseau observé :

—le comportement;
—le vol;
—l'habitat;
—le cri ou le chant;
—la région.

Le comportement

Lorsque vient le temps de distinguer des espèces semblables, le comportement même de l'oiseau permettra souvent de procéder par élimination, concentrant ainsi l'attention sur un cas plus précis. Par exemple, si vous êtes en présence d'un oiseau qui se tient agrippé à un tronc d'arbre, tête en bas, il y a bien des chances que ce soit une sittelle...; si l'oiseau est plutôt à la verticale sur le tronc de l'arbre et qu'il frappe vigoureusement de son bec, c'est sans doute un pic...

Le vol

Pour certains groupes d'oiseaux, la façon de voler est un indice de l'espèce observée; on suit la trajectoire, le rythme et même la distance parcourue. Un des plus caractéristiques dans ce domaine est l'Engoulevent d'Amérique qui vole à la manière d'un papillon géant. Cet aspect demande cependant beaucoup d'expérience et d'entraînement.

L'habitat

Comme il en sera fait mention plus détaillée à la section suivante, l'habitat est souvent un indice nous permettant de trancher un litige; certains oiseaux ne peuvent se retrouver dans tel habitat, alors que d'autres passent régulièrement d'un habitat à l'autre sans toutefois ne jamais fréquenter un secteur bien précis.

Dans la deuxième partie du livre, on a regroupé les espèces les plus communes par habitats caractéristiques.

Le cri et le chant

Très souvent les sons émis par un oiseau permettent de confirmer la première identification, alors même que plusieurs autres indices s'avèrent insuffisants. Il est possible d'ailleurs de faire exclusivement de l'identification auditive; le chant d'un oiseau est en effet aussi distinctif et aussi caractéristique que peut l'être son plumage; il existe même des cas où c'est le seul critère déterminant, l'observation visuelle étant insuffisante : le Moucherolle des aulnes et le Moucherolle des saules constituent un exemple typique.

Soulignons que les sonagrammes (enregistrements graphiques du chant) sont pratiquement inutiles; seuls quelques rares initiés arrivent à les déchiffrer. Le mieux est encore d'associer le chant entendu à l'espèce observée et d'essayer de le retenir, ce qui demande cependant beaucoup de pratique.

La région

Un autre indice peut encore faciliter le travail d'identification : la région.

Dans votre livre d'identification, la carte accompagnant le texte relié à chaque espèce est très pratique; peu importe l'endroit où l'on se trouve, on peut immédiatement visualiser la possibilité de retrouver un oiseau particulier dans un secteur donné.

Il est avantageux de se procurer une liste régionale des oiseaux que l'on peut rencontrer à tel endroit.

Certaines listes indiquent même en quelle période de l'année chaque espèce peut se rencontrer. La saison est aussi un autre élément qui, sans permettre d'identifier directement, permet d'éliminer un bon nombre de possibilités.

Somme toute, cet apprentissage est une question de répétition, d'habitude, d'expérience. Avec le temps, on arrive à noter systématiquement. En combinant une bonne étude du livre d'identification à des excursions répétées, on assimile cette technique et on sait ce qu'il faut chercher, on connaît les traits caractéristiques requis pour une identification sûre. Même si cela vous paraît complexe de prime abord, ne vous découragez pas; allez y doucement et avec le temps, ça viendra...

ÉTHIQUE, ÉTIQUETTE ET PRINCIPES DE BASE

L'étude des oiseaux nous amène inévitablement à sortir de chez nous, à rencontrer d'autres gens et à visiter d'autres endroits. Il va de soi que lorsqu'on se lance à la recherche d'un oiseau, il y a certaines règles à respecter. Le simple bon sens nous dicte d'agir avec discrétion et tact : on ne doit pas braquer ses jumelles en direction d'une maison ou d'une personne. Si l'oiseau observé est «mal» placé, on n'a qu'à changer de place pour choisir un angle moins «compromettant». Si on veut être respecté, il faut apprendre à respecter les autres.

Pour atteindre un certain niveau de crédibilité, il est indispensable de se montrer honnête; ainsi, on ne tiendra pas compte d'une observation à moins d'avoir vraiment noté toutes les caractéristiques soi-même, d'en avoir fait une identification juste. Un observateur qualifié et fiable est un observateur objectif; pas celui qui connaît toutes les réponses, mais celui qui sait admettre ses limites. D'ailleurs il est presque impossible pour qui que ce soit de pouvoir identifier à coup sûr toutes les espèces d'oiseaux rencontrées en excursion; il y en a toujours un qui passe trop vite, qui est mal placé, qui est trop loin, etc.

Il est bon de rappeler certaines règles de savoir-vivre. Ceci peut vous paraître étrange, mais regardez agir certaines personnes, certains groupes... pensez même à certaines circonstances où, emporté par votre enthousiasme, vous avez oublié...

Si on veut s'aventurer sur une propriété privée, la moindre des choses est d'en demander l'autorisation en expliquant son intention; il arrive rarement qu'on essuie un refus.

Faites attention aux terrasses, plantes, fleurs, plates-bandes, etc.; regardez où vous mettez les pieds et ne marchez pas sur les gazons.

Les clôtures ne doivent pas porter de trace de votre passage.

Laissez le terrain propre, même plus propre qu'avant votre visite. Faites preuve de courtoisie en tout temps.

Si un membre de votre groupe manque à l'étiquette, rappelez-le à l'ordre de façon amicale; si quelqu'un gaffe, ce sont tous les gens du groupe qui sont mal vus.

Il y a également certains principes de base à se remémorer. Nous avons mentionné l'honnêteté; il y a d'autres qualités à développer : patience, prudence, constance, esprit critique. On n'est jamais trop exigeant envers soi-même; pour acquérir une certaine habileté, on se doit de chercher constamment à se dépasser.

Lors d'excursions en groupes, il n'y a pas de compétition, pas plus que de médailles décernées à celui qui est le plus rapide. Ce qui compte, c'est votre satisfaction personnelle. Essayez de communiquer simplement, posément, sans vouloir toujours épater la galerie.

Dans vos déplacements, il vaut mieux éviter les bruits inutiles; parler le moins possible et à voix basse tout en marchant lentement. Ne vous habillez pas de façon trop voyante.

Seul ou en groupe ?

Pour goûter pleinement toutes les possibilités qu'offre cette activité, rien de mieux que de faire partie d'un club d'ornithologie. S'ajoute alors une nouvelle dimension à votre orientation initiale. Vous rencontrez des gens avec qui c'est un charme de discuter d'un intérêt commun.

Les excursions organisées par un club vous feront découvrir votre coin de pays d'un point de vue jusque-là insoupçonné. Vous réaliserez ainsi combien les paysages sont variés, les habitats diversifiés. Les différentes activités du groupe vous permettront de cimenter ces amitiés nées de randonnées en pleine nature.

Il est toujours possible de perfectionner ses connaissances, d'approfondir un aspect particulier ou de varier les activités reliées à l'étude des oiseaux. Des cours sont organisés par les membres les plus chevronnés; des séances d'informations, des conférences, des présentations audio-visuelles, des films même sont prévus régulièrement. En toutes saisons, on peut participer à une étude ou une recherche : la Perdrix grise durant l'hiver, l'Hirondelle de rivage durant l'été en sont des exemples.

Les différentes publications du club vous tiennent au courant des réalisations récentes et des activités saisonnières. Vous pouvez même militer avec certains pour une meilleure protection de l'environnement. Si votre intérêt va grandissant, il sera encore possible d'étendre le champ de vos connaissances : des revues spécialisées offrent aux appétits insatiables matière à les combler.

Mais de toute façon, reste à chacun l'entière liberté de s'engager comme bon lui semble, au rythme qui lui plaît et jusqu'au point où il le désire.

LE CLUB DES ORNITHOLOGUES DU QUÉBEC (COQ)

Ce club est un exemple type d'un groupe formé pour faire connaître les oiseaux et promouvoir la conservation. Le club organise régulièrement des excursions et occasionnellement, des conférences et des séances d'étude.

Fondé en septembre 1955, sa principale activité est l'observation des oiseaux dans leur milieu naturel. Les excursions sont dirigées par les membres les plus expérimentés et on se charge d'initier les débutants, jeunes ou moins jeunes.

Quatre fois par année, le club publie le Bulletin Ornithologique : on y consigne les observations des membres présentant ainsi une bonne image de la vie ornithologique de la région. Source importante de renseignements, le bulletin et les fiches d'observations qui s'y rattachent ont pu être transcrits en permanence sur ordinateur.

Une autre publication, la Feuille de contact, a un caractère plus immédiat : elle relate les activités du club et permet une meilleure communication entre les membres.

Pour recevoir des renseignements supplémentaires ou pour joindre ce groupe, écrivez au :

Club des Ornithologues du Québec (CRLQ)
1990 boul. Charest ouest (#225)
Sainte-Foy, Québec, G1N 4K8

LA SOCIÉTÉ QUÉBÉCOISE DE PROTECTION DES OISEAUX (SQPO/PQSPB)

Œuvrant dans la région de Montréal, cette société fut fondée en 1917, sous l'appellation «The Province of Quebec Society for the Protection of Birds». Groupement anglophone, ce club compte de plus en plus de membres d'expression française depuis quelques années.

Des excursions ont lieu toutes les semaines en période de migrations, à toutes les deux semaines l'hiver alors qu'il y a relâche durant les mois de juillet et août.

Des réunions mensuelles sont organisées d'octobre à mai. Conférenciers, présentations audio-visuelles font l'objet de ces rencontres.

Une feuille de contact, bulletin de liaison publié mensuellement sous le titre de «Newsletter» est envoyé régulièrement à tous les membres. Un rapport annuel est aussi produit au bénéfice des participants du club; il s'agit d'un relevé condensé des observations faites au cours de l'année.

Pour contacter cet organisme des plus dynamiques, on s'adresse :

Société québécoise de Protection des Oiseaux
(Province of Quebec Society for the Protection of Birds)
C.P. 43, Succursale B
Montréal, Qc H3B 3J5

Il existe d'autres clubs régionaux. En voici quelques-uns :

Club des ornithologues de l'Outaouais
C.P. 419, succursale A
Hull, Qc J8Y 6P2

Société d'ornithologie de Lanaudière
435, 1ère Avenue, Pied-de-la-Montagne
Sainte-Marcelline, Qc JOK 2YO

Club ornithologique de la Mauricie
C.P. 21
Grand-Mère, Qc G9T 5K7

Club d'ornithologie Sorel-Tracy
C.P. 1111
Sorel, Qc J3P 7L4

Société ornithologique du Centre du Québec
a/s Cégep de Drummondville
960, rue St-Georges
Drummondville, Qc J2C 6A2

Club des ornithologues des Bois-Francs
21, rue Roger
Victoriaville, Qc G6P 2A8

Société de loisir ornithologique de l'Estrie
C.P. 2363, Succ. Jacques-Cartie,
Sherbrooke, Qc JlJ 3Y3

Club des ornithologues du Saguenay/Lac-Saint-Jean
C.P. 1265
Jonquière, Qc G7S 4K8

Club des ornithologues du Québec a/s CRLQ, 1
1990, boul Charest ouest, #225
Sainte-Foy, Qc GlN 4K8

Club d'ornithologie de la Manicouagan
C.P. 2513
Baie-Comeau, Qc G5C 2T2

Club des ornithologues du Bas-Saint-Laurent
C.P. 118
Pointe-aux-Pères, Qc GOK lGO

Club des ornithologues de la Gaspésie
C.P. 245
Percé, Qc GOC 2LO

Cependant, si vous connaissez quelqu'un qui s'adonne à l'observation des oiseaux, vous pourrez certainement obtenir les renseignements souhaités, car les ornithologues amateurs sont habituellement des gens enthousiastes qui aiment communiquer et partager leur savoir.

GALERIE D'OISEAUX

Les rapaces diurnes

Buse à épaulette

Pygarge à tête blanche

© Diane Labonté

Les rapaces Nocturne

© Michel Julien

Petite nyctale

Chouette cendrée

© Michel Julien

Chouette épervière

© Michel Julien

Les oiseaux et l'eau

© Michel Julien

Canard Souchet

Canard huppé

© Diane Labonté

Les oiseaux et le rivage

© Diane Labonté

Bécasseau sanderling

Goélands argentés et Goélands marins

© Diane Labonté

Les oiseaux et le marais

© Diane Labonté

Râle de Virginie

Troglodyte des marais

© Michel Julien

Deuxième partie

Des oiseaux...
...partout

Une surprenante abondance.

Combien de noms d'oiseaux vous viennent spontanément à l'esprit ?... Trois, quatre,... dix, quinze, vingt ? Réfléchissez bien : vous en savez certainement beaucoup plus.

Des oiseaux d'ici, des oiseaux d'ailleurs; des oiseaux des villes, des oiseaux des campagnes; des oiseaux des champs, des oiseaux des bois; des oiseaux de rivières, des oiseaux de mer; des oiseaux de jour, des oiseaux de nuit; des oiseaux de proie, des oiseaux-gibiers; des oiseaux noirs, des oiseaux blancs, des oiseaux de toutes les couleurs; de petits oiseaux, de gros oiseaux, toutes sortes d'oiseaux.

Vous voyez que la liste s'allonge facilement lorsqu'on accroche un ou deux qualificatifs à chaque catégorie. Si cet exercice vous plaît, vous pouvez continuer encore avec la série suivante : des canards plongeurs et des canards de surface; des éperviers et des faucons; des goélands et des mouettes; des hiboux et des chouettes; des moucherolles et des hirondelles; des merles et des grives; des paruline et des bruant.

Mais est-ce que tous ces noms que vous avez trouvés se rattachent à des oiseaux de votre région ? N'avez-vous nommé que des oiseaux du Québec ? Y a-t-il beaucoup de ces oiseaux-là dans les alentours ?

Dans la région de Montréal, on a dénombré plus de 250 espèces; vous pourriez arriver à en observer 150 à 200 sortes différentes à proximité de n'importe quelle localité, peu importe l'endroit où vous demeurez dans la province. En fait **près de 400 espèces** ont été recensées **au Québec,** dont une bonne centaine cependant ne sont que des visiteurs occasionnels. Si on fait l'inventaire pour tout le territoire canadien, le nombre grimpe à 600 et au-delà. Pour le continent nord-américain, jusqu'à la frontière du Mexique, on atteint un total de 800 et plus. Cette liste grossit à plus de 1 500 si on y ajoute le Mexique. À mesure qu'on se rapproche des tropiques, l'abondance des espèces se fait de plus en plus grande. La plus riche région du monde est la Colombie, en Amérique du Sud : près de 2 000 espèces d'oiseaux pour ce site exceptionnel. Combien obtient-on d'espèces en tout sur notre globe ? Aux environs de 9 000; il n'y a pas de chiffres précis cependant; même les spécialistes ne réussissent pas à s'entendre, les uns donnant le nombre de 8 600, d'autres avançant jusqu'à 8 900. Ajoutons à cela que l'on en découvre de nouvelles, même de nos jours, ces trouvailles récentes provenant entre autres du Pérou et de régions inexplorées d'Amérique du Sud.

Mais point n'est besoin de courir si loin pour commencer. Il suffit de sortir un peu de chez soi et de bien regarder. Une heure ou deux par semaine et vous obtiendrez un total de 120 espèces et plus à la fin d'une année; de bonnes excursions régulièrement dans les environs, et vous dresserez une liste d'au moins 160 espèces; des observations minutieuses dans tout le secteur et vous voilà arrivé à 200. Tout dépend du temps que vous y mettez et du soin que vous prenez à préparer vos excursions; en adoptant une façon systématique de procéder, choisissez des habitats différents pour vos randonnées, tout en tenant compte des saisons.

Dans les pages qui suivent, nous énumérons **les espèces les plus susceptibles d'être vues, selon l'habitat visité.**

Commençons d'abord par les alentours de votre maison. Dans un premier temps, nous analyserons les possibilités offertes par l'installation de postes d'alimentation pour attirer les oiseaux durant l'hiver; par la suite, nous parlerons des espèces que nous amène le printemps, celles qui nichent en été et enfin les visiteurs de passage en route vers le sud à l'automne.

AUTOUR DES HABITATIONS

Gardez un calepin et un crayon près de la fenêtre de votre cuisine et inscrivez-y les noms des oiseaux que vous voyez aux alentours : sur le gazon, dans le jardin, dans les arbres et arbustes, en vol au-dessus de la maison. Additionnez le tout et vous en serez peut-être surpris. Au rythme des saisons, se succèdent des espèces différentes; au total, 30, 40, 50 sortes d'oiseaux. Tout dépend évidemment de l'endroit où vous demeurez : ville, banlieue, maison de campagne...

DURANT L'HIVER

L'hiver, saison morte, dit-on souvent. Mais en installant près de votre maison un **poste d'alimentation,** vous verrez qu'il y règne une activité fébrile, même en cette saison peu clémente. Pour les oiseaux c'est une véritable aubaine que de pouvoir ainsi se procurer de la nourriture sans trop de difficulté et ils montreront leur appréciation en devenant des hôtes assidus des lieux où vous aurez installé les mangeoires.

Cette saison constitue d'ailleurs un excellent temps de l'année pour amorcer l'étude des oiseaux : il y a peu d'espèces, et c'est justement ce nombre restreint qui vous donne tout le loisir de vous familiariser avec les oiseaux les plus communs, tout en vous permettant d'assimiler lentement les différentes techniques d'observations.

Supposons par exemple, que vous ayez réussi à attirer huit espèces (ce qui constitue une bonne moyenne en banlieue). Vous pourriez alors apprendre à reconnaître d'abord ces huit espèces (les difficultés d'identification étant limitées) et à noter une foule de choses concernant le **comportement** de chacune d'elles. Voyons en détail le cas des espèces suivantes :

le Geai bleu
le Gros-bec errant
le Moineau domestique
la Sittelle à poitrine blanche
la Sittelle à poitrine rousse
la Mésange à tête noire
le Pic chevelu
le Pic mineur

Ces espèces sont celles que l'on observe le plus régulièrement aux mangeoires durant l'hiver.

L'ordre dans lequel les six premières espèces sont énumérées correspond à la grosseur de ces oiseaux, du plus gros au plus petit, à l'exception des deux derniers, la Mésange étant légèrement plus grosse que la Sittelle à poitrine rousse. Cet ordre correspond d'autre part à la hiérarchie interspécifique qui prévaut à une mangeoire, c'est-à-dire que le Geai bleu a prépondérance pour la nourriture sur les cinq autres espèces mentionnées ensuite. Le Gros-bec errant vient en second, cédant la place au Geai bleu mais dominant les quatre autres espèces, et ainsi de suite jusqu'à la Mésange à tête noire qui passe en dernier laissant le champ libre aux cinq espèces qui la précèdent. On voit donc que le facteur déterminant est la taille de l'oiseau. **Ainsi, en général, plus l'oiseau est gros, plus sa place est importante dans la hiérarchie;** il y a cependant des exceptions, comme c'est le cas ici de la Sittelle à poitrine rousse qui est plus agressive que la Mésange malgré une taille légèrement inférieure.

Outre cet **ordre de prépondérance** entre les espèces, il existe **également** une hiérarchie intraspécifique, **c'est-à-dire qu'à l'intérieur d'un groupe;** chez les Mésanges par exemple, un individu domine tous les autres membres de la troupe. C'est lui qui a la priorité sur ses compagnons lorsqu'arrive l'heure de se nourrir; vient ensuite un «second», moins fort que le «chef», mais plus agressif que les autres, puis un troisième qui cède le pas devant les deux premiers mais passe avant le reste de la troupe et ainsi de suite jusqu'au dernier individu, le plus faible. À l'occasion, on peut remarquer certaines altercations entre individus de la même espèce; c'est qu'un des belligérants a décidé que le temps était venu de se faire une place plus avantageuse.

Notons d'autre part que chez certaines espèces, le Moineau domestique par exemple : les membres du groupe tolèrent habituellement leurs compagnons même si cette hiérarchie fait aussi partie de leurs mœurs. Le Geai bleu se montre également tolérant si la mangeoire où il vient de s'installer est suffisamment grande pour permettre l'accès à d'autres congénères, mais bien entendu, à la condition qu'il y ait de la nourriture en quantité suffisante; sinon, les lois hiérarchiques entrent en vigueur et un seul oiseau se nourrit à la fois, les autres attendant leur tour.

Soulignons que les considérations faites précédemment se rapportent au comportement des oiseaux qui se présentent au même poste d'alimentation; si plusieurs plateaux de nourriture sont répartis aux alentours, on notera alors certaines modifications. Les oiseaux mentionnés jusqu'à présent se nourrissent surtout de graines de tournesol ou de grains mélangés et ils préfèrent une mangeoire ouverte, genre plateau, ou plus simplement le sol comme endroit pour se nourrir.

D'autres espèces, tels que le Pic chevelu et le Pic mineur, optent pour le suif ou gras de viande que l'on offre dans un support ou que l'on accroche aux branches des arbres. Ces espèces fréquentent régulièrement les postes d'alimentation. On ne voit pas souvent deux pics en même temps à une même mangeoire. Si le couple se présente ensemble, c'est habituellement le mâle qui a priorité sur la femelle, mais il ne semble exister aucune animosité entre les partenaires.

Beaucoup d'autres observations intéressantes peuvent ainsi être faites à des mangeoires : il s'agit d'en installer près de votre demeure pour **faire vos propres découvertes.**

Dans la troisième partie de cet ouvrage, vous trouverez des indications concernant l'installation de postes d'alimentation (page 225).

Considérons maintenant chacune des huit espèces mentionnées plus haut.

Le Geai bleu

Plus gros qu'un merle, le Geai bleu doit son nom à la coloration de son plumage et à son cri retentissant (djé, djé). De tous les oiseaux observés régulièrement l'hiver, le Geai bleu est certainement le plus «voyant».

Sa beauté nous le rend très sympathique malgré certains traits de caractère plutôt curieux. Ainsi, lorsqu'on a réussi à l'attirer à un poste d'alimentation, on constate rapidement que cet oiseau est très vorace : il se gave littéralement de nourriture. Ainsi, il peut engouffrer une vingtaine de graines de tournesol lors d'une brève visite avant de s'envoler avec son butin. Mais ce qui semble une manie désagréable est en réalité dicté par une certaine sagesse : en effet, cette nourriture dont il semble s'empiffrer, il va plutôt la camoufler en des endroits qui lui servent de réserve pour les périodes difficiles de la saison froide.

Il passe rarement inaperçu près des habitations, non seulement dû à son coloris éclatant, mais surtout à cause de son cri distinctif qu'il fait entendre fréquemment. S'il a adopté les mangeoires que vous avez installées, il se fera un devoir de vous signaler son arrivée et il se montrera même très pressant si vous avez négligé de remplir les plateaux de nourriture.

Une observation attentive vous en fera découvrir les mimiques des plus divertissantes. On peut connaître son humeur en notant la position de la huppe formée par les plumes de la tête. S'il est inquiet, la huppe est relevée; s'il est en colère, il redresse encore plus ces plumes pour les rabattre vers l'avant; s'il est calme, la huppe est aplatie sur la nuque.

Autre fait intéressant à remarquer est le respect que semblent avoir développé les autres espèces d'oiseaux à son égard.

Dès qu'il arrive, on lui cède immédiatement la place. Ce phénomène est typique dans le monde ailé : le plus imposant a le premier choix, les critères de sélection étant la taille et l'agressivité. Cee sera donc le plus énergique qui aura droit à la première part. Quand la mangeoire est trop étroite, il ne tolère aucun autre oiseau à ses côtés. D'autre part, si le plateau est assez large, il condescendra à accepter un voisin de table qui, le plus souvent, sera un autre geai. Mais d'humeur changeante, il peut soudainement décider que c'en est trop et un bref duel s'engage, d'où le plus fort sort toujours vainqueur.

Un comportement plus intéressant à observer est sa façon d'ouvrir une graine de tournesol : l'ayant saisie entre ses pattes, il la frappe de son bec pour faire éclater l'écaille qu'il ouvre ensuite pour avaler l'amande. Ce manège, il l'exécute soit sur le rebord du poste d'alimentation, soit sur une branche.

À la fin de l'hiver, vous aurez peut-être l'occasion de le voir offrir de la nourriture à sa compagne, d'un plumage identique, mais de taille légèrement inférieure. Elle prendra alors une attitude suppliante, les ailes pendantes, le cou rentré dans les épaules, le bec relevé. Ce cérémonial fait partie des «manœuvres d'approche» qui vont lier le couple pour la saison de nidification. Le mâle aura à nourrir la femelle qui couve et une répétition générale marque les «fiançailles».

Le Geai bleu est un oiseau d'identification très facile. Les jeunes sont identiques aux adultes dès leur troisième semaine d'existence, sauf que les plumes de la queue sont plus courtes.

Le Geai bleu est un oiseau bavard et tapageur. Il aime s'entendre mais peut également faire des imitations de toutes sortes. Même s'il est d'une curiosité très prononcée, il a l'art de se dérober, à l'abri dans le feuillage, faisant preuve d'une grande habileté à se dissimuler dans son milieu naturel. Ainsi, près du nid, il est silencieux et furtif. Il démontre une extrême discrétion à l'arrivée au nid, se servant des branches inférieures de l'arbre pour y accéder en montant en spirale près du tronc. Il se montre très brave pour protéger sa progéniture, la défendant avec vigueur.

Habituellement, il construit un nouveau nid chaque année. Pour ce faire, il prélève même de petites branches qu'il casse directement de l'arbre.

On lui a souvent fait une mauvaise réputation parce qu'il ne dédaigne pas manger les œufs et les petits d'autres espèces d'oiseaux. Mais comme tous les prédateurs, il a son rôle à jouer comme régulateur d'espèces trop prolifiques. Cela permet de maintenir un équilibre de répartition des populations avoisinantes.

À l'automne on assiste parfois à des rassemblements de bon nombre d'individus. Migrateurs diurnes, il sont plus fréquemment aperçus par groupes d'une douzaine d'oiseaux. Cette migration automnale est surtout le fait de ceux qui nichent plus au nord; vers la mi-octobre, ils se déplacent d'une centaine de kilomètres plus au sud. Un autre type de mouvement massif peut également se produire à l'intérieur même de certaines régions, les geais allant d'un endroit où la nourriture est limitée vers un secteur où elle abonde.

Le Gros-bec errant

Le Gros-bec errant est celui des oiseaux d'hiver qui se remarque le plus facilement. Aussi bruyant que voyant, il se déplace presque toujours en groupe; c'est d'ailleurs cette habitude grégaire qui est la plus remarquable. En effet, lorsque ces oiseaux s'amènent en troupe à une mangeoire, on les entend aussitôt se disputer à grands cris les graines de tournesol dont ils sont extrêmement friands. Un moyen de régler ces disputes est d'étendre une longue ligne de graines sur le sol ou sur une planche. Tant que dure cette abondance, la paix semble régner; mais dès que les provisions diminuent, la bagarre reprend de plus belle. Votre poste d'alimentation est-il trop restreint ? Vous assistez alors à une dispute où les menaces et les cris dominent, les prises de bec étant plus ou moins fréquentes et les réelles bagarres plutôt rares. Lors de ces séances d'intimidation, c'est le mâle qui généralement s'impose; et parmi les mâles, un oiseau domine la troupe. Mais il semble bien que sa prépondérance soit constamment remise en question, les assauts de subalternes se répétant régulièrement.

Plus gros qu'un moineau mais de taille légèrement inférieure à celle d'un merle, le Gros-bec errant est facile à reconnaître avec sa livrée jaune, noire et blanche. Le bec est très fort (d'où le nom de gros-bec); chez le mâle la tête est noirâtre marquée d'une ligne jaune au-dessus de chaque œil, lignes qui se joignent sur le front (constituant ainsi un genre de visière). Le dos et le ventre sont d'un jaune éclatant sur lequel tranche le noir des ailes ornées d'une large tache blanche. La queue est noire. Chez la femelle, la robe est plus terne : l'oiseau semble grisâtre; les plumes de la queue et des ailes sont tachetées de blanc. Cette distinction entre les oiseaux de sexe différent (dimorphisme sexuel) prévaut chez près de la moitié des espèces et, à quelques exceptions près, ce sont toujours les mâles qui ont le plumage le plus brillant. La tenue plus sobre de la femelle s'expliquerait entre autres, par la nécessité d'un bon camouflage en saison de nidification.

Un fait à souligner chez les gros-becs, c'est qu'ils se montrent imprévisibles dans leurs déplacements : le qualificatif «errant» leur va d'ailleurs comme un gant. Ils peuvent être extrêmement abondants une année tandis qu'en d'autres temps, on en voit très peu. Le gros-bec peut nous arriver aussi tôt qu'au milieu du mois d'août, comme au début d'octobre ou encore aussi tard qu'à la mi-janvier.

Un dernier trait de caractère intéressant à observer chez les gros-becs est la méthode qu'ils utilisent pour ouvrir une graine de tournesol : en actionnant rapidement les mandibules, ils brisent l'écaille et s'emparent de l'amande avec leur langue. Ce manège est très rapide et il faut y regarder de près pour bien saisir la manœuvre. En faisant des observations minutieuses, vous trouverez sans doute plusieurs autres faits captivants à noter.

Le Moineau domestique

Le moineau est sans aucun doute le plus connu de tous nos oiseaux communs. Demandez à quiconque de vous nommer cinq espèces d'oiseaux et, à coup sûr, on vous mentionnera le moineau. Cependant, bien peu de gens sauraient décrire le plumage du mâle; la plupart du temps, on associe le moineau à la coloration brunâtre de la femelle. C'est d'ailleurs cette teinte brune qui a valu à l'oiseau le nom de «moineau» (petit moine). Souvent, en apercevant un mâle au printemps en compagnie d'une femelle, on est porté à croire qu'il s'agit d'un bruant. La femelle est presque entièrement brune avec une teinte beige délavé sur les parties inférieures (gorge, poitrine et ventre) et une ligne pâle au-dessus de l'œil (ligne superciliaire). Le mâle a une parure plus colorée : dessus de la tête gris, bec noir et petit masque noir sur les yeux, joues d'un blanc grisâtre, nuque brun roux (marron) et gorge marquée d'un plastron noir. Ce plastron sur la gorge et la poitrine ne se remarque pas durant l'hiver car il n'apparaît qu'à la suite de l'usure des plumes vers la fin de la période hivernale.

Il fut importé d'Europe vers 1850 par des gens probablement bien intentionnés mais tout à fait ignorants des implications écologiques que leur geste allait entraîner. Le Moineau domestique est bruyant et batailleur; de tempérament grégaire et très prolifique, il s'est implanté partout en Amérique du Nord, supplantant même certaines espèces dont il occupe maintenant la place près de nos demeures (Hirondelles à front blanc, par exemple).

On entend souvent son cri monotone qu'il fait entendre perché sur une corniche de maison ou près d'un bâtiment où il a repéré une crevasse pour y loger son nid. Le nid est d'ailleurs le centre d'activité du moineau qui, dans nos régions, peut élever jusqu'à trois couvées par saison de nidification. Vu qu'il évolue ainsi dans notre voisinage, il peut devenir l'objet d'une étude attentive de l'amateur qui désire se documenter sur le comportement des oiseaux. En notant quotidiennement les allées et venues du moineau, vous pouvez vous bâtir une documentation solide sur son mode de vie en quelque 5 ou 6 semaines et ce, dès le milieu de février.

À la fin de la «période d'élevage», les moineaux se rassemblent en bandes imposantes et si vous installez des mangeoires près de votre maison, ils se grouperont régulièrement à cet endroit, choisissant un «abri» à proximité de l'emplacement et vous les entendrez piailler alors qu'ils font la «jasette» à l'heure du lunch. Ces endroits, qui servent de point de rassemblement pour la troupe des environs, est souvent le lieu de prises de bec, de poursuites et de batailles suivies de près par toute la congrégation.

Même s'ils se montrent très voraces, laissez les moineaux s'installer à vos postes d'alimentation. Ils serviront alors de repères pour les autres espèces d'oiseaux à la recherche de mangeoires pouvant les approvisionner pour l'hiver. De plus, à un moment ou à un autre, particulièrement lors d'une tempête, ils attireront dans les parages un oiseau de proie; ce pourrait être une Pie-grièche boréale, une Crécerelle d'Amérique ou même un Épervier brun. Vous aurez alors l'occasion de voir le rapace filant en trombe à la poursuite de sa proie, habituellement un individu plus faible ou malade. Cela peut paraître cruel pour certains mais dans le monde animal, les sentiments n'existent pas et la victime, hyp-notisée par la poursuite, n'a même pas le temps de réaliser ce qui lui arrive.

N'allons donc pas dramatiser sur un phénomène qui est dans l'ordre des choses et qui fait partie intégrante de l'équilibre de la nature.

Les sittelles

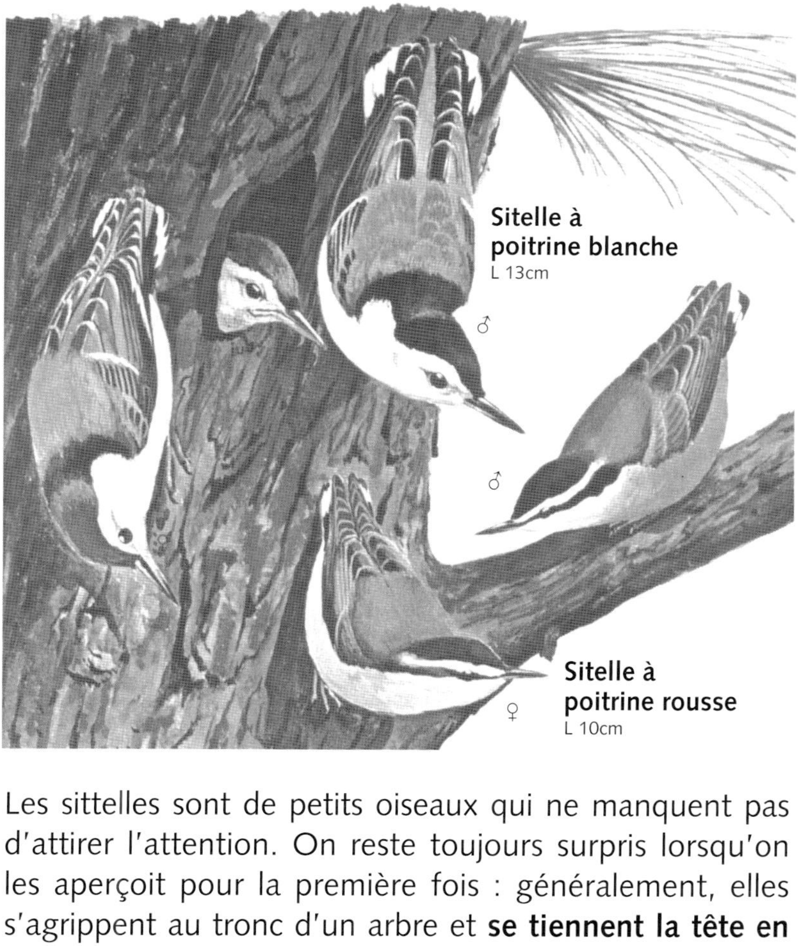

Les sittelles sont de petits oiseaux qui ne manquent pas d'attirer l'attention. On reste toujours surpris lorsqu'on les aperçoit pour la première fois : généralement, elles s'agrippent au tronc d'un arbre et **se tiennent la tête en bas;** au lieu de monter, elles descendent.

Silhouette allongée, la **Sittelle à poitrine blanche** est de la taille d'un moineau. Les parties supérieures sont d'une teinte gris bleu alors que les dessous sont blancs marqués de beige sur les flancs et de marron sous la queue. La tête porte un capuchon noir alors que le bec est très élancé. Quant à la **Sittelle à poitrine rousse,** elle a une apparence plus «compacte». Plus petite, elle a les parties supérieures grises et inférieures de couleur rouille, alors que le dessin de la tête est zébré : calotte noire, ligne superciliaire blanche, ligne noire passant par l'œil, gorge et joues blanches.

Attirée à une mangeoire, une sittelle s'intéresse plus spécialement au suif ou gras de viande; par contre, les graines de tournesol font également partie de son menu. Si vous avez l'occasion de la voir s'éloigner avec une graine dans le bec, surveillez bien de quelle façon elle l'ouvre : elle la coince dans une fente d'arbre ou dans un repli de l'écorce et tape vigoureusement à l'aide de son bec; elle ne la tient pas dans ses pattes comme le font le Geai bleu ou la Mésange à tête noire.

Souvent on peut l'observer s'affairant à amasser des provisions : elle transporte alors les graines une à la fois et va les déposer dans un arbre, sous l'écorce, dans un trou, à la jonction des branches, dans les rainures du tronc, etc.

En forêt, on est surtout attiré par son cri nasillard : rapide chez la Sittelle à poitrine blanche, plus lent et plus rauque chez la Sittelle à poitrine rousse. Ce cri sert aux partenaires du couple à rester en contact; en effet, si vous portez bien attention, vous remarquerez que la plupart du temps, les sittelles se déplacent par paire. Mâle et femelle restent d'ailleurs unis, même en dehors de la période de nidification. Il est facile de distinguer le sexe : le mâle a le dessus de la tête d'une teinte plus prononcée, tirant sur le noir, alors que sa compagne a ce capuchon de coloration grisâtre. En outre, chez la Sittelle à poitrine rousse, la couleur de la poitrine est plus marquée, plus éclatante chez le partenaire masculin.

Pour avoir l'occasion de rencontrer la Sittelle à poitrine rousse, il faut fréquenter une forêt de conifères ou visiter un poste d'alimentation installé près d'un boisé mixte où le nombre de conifères est assez marqué. La Sittelle à poitrine blanche se rencontre plus régulièrement en forêt de feuillus et s'observe aux mangeoires installées en milieu urbain, là où persistent de petits boisés ou des parcs.

Une fois le printemps revenu, il peut arriver, en y prêtant bien attention que vous découvriez dans quel arbre les sittelles ont décidé de nicher; elles utilisent généralement une cavité naturelle ou encore un trou abandonné par un pic. Vous aurez peut être la chance de voir une Sittelle à poitrine blanche cogner vigoureusement l'écorce d'un arbre afin d'en détacher des parcelles qu'elle transporte dans son nid et auxquelles viennent s'ajouter des brindilles, des fibres végétales, etc.

Une bonne dose de patience et d'observations soignées vous permettront d'en apprendre davantage.

La Mésange à tête noire

Petite boule de plumes, oiseau super-actif, la mésange est un des plus sympathiques de nos résidents d'hiver. Très confiante, elle ne craint pas la présence de l'homme et, avec de la patience, on arrive même à l'apprivoiser au point de la faire manger dans la main. On a alors l'occasion de distinguer le brillant petit œil dissimulé sous le capuchon noir qui lui recouvre la tête. La gorge est marquée d'un triangle noir, ce qui contraste vivement avec le blanc des joues. Le dos est grisâtre, les ailes sont d'une teinte grise lisérée de blanc; le ventre est de coloration beige alors que la queue est plutôt noirâtre.

À un poste d'alimentation, on ne voit pas souvent deux mésanges côte à côte. Très peu tolérantes les unes pour les autres, les mésanges présentent un groupe fortement hiérarchisé. Se déplaçant habituellement en bandes d'une douzaine d'individus, elles gardent le contact entre les membres de la troupe en émettant fréquemment de petits cris variés, dont le plus connu (tchick-e-di) lui a valu son nom anglais de «chickadee». On connaît près d'une vingtaine de sons différents émis par ces petits êtres des plus charmants. Un de ces cris est une marque d'agressivité qui permet d'établir un ordre de préséance à la mangeoire. Chacun attend son tour, le chef du groupe d'abord, suivi de son second qui se tient à distance tout en s'imposant aux autres, et ainsi de suite jusqu'au plus faible qui gobe ce qui reste quand tous les autres se sont servis.

Vous vous amuserez certainement à voir évoluer la mésange, de taille inférieure à celle d'un moineau. C'est un acrobate hors pair et on l'aperçoit souvent, tête en bas, scrutant les cavités de l'écorce d'une branche ou accrochée à l'extrémité d'un frêle rameau, à la recherche d'œufs ou de larves d'insectes.

D'une grande curiosité, elle se laisse attirer par un chuchotement imitant son cri. Il est alors possible d'entendre le bruissement que produit le vol de l'oiseau qui se déplace par saccades.

Une autre façon de l'attirer est de lui offrir du suif mélangé à du beurre d'arachides, de la graisse de «bacon» ou de poulet dont on remplit les cavités de l'écorce d'un arbre ou d'un bout de bois percé de trous et que l'on suspend à une branche. Comme la plupart des oiseaux qui nous visitent l'hiver, elle raffole de graines de tournesol dont elle casse l'écaille à coups de bec en la tenant entre les pattes. Mais son bec étant petit et plutôt faible comparé à celui du Geai bleu, par exemple, cette manœuvre est plus laborieuse.

Peu importe la température, la mésange semble toujours enjouée. Par les plus froids matins d'hiver, elle s'active gaiement au plateau de nourriture. Vous pouvez même lui réserver un poste d'alimentation en le suspendant près de la maison; un petit montage mobile éloignera les moineaux qui craignent le mouvement et élimine également les plus gros oiseaux qui n'y trouvent pas suffisamment d'espace pour s'y accrocher.

En forêt, il vaut souvent la peine de s'arrêter lorsqu'on rencontre une troupe de mésanges car elles sont assez régulièrement accompagnées de sittelles, de pics et d'autres espèces d'oiseaux qui forment ainsi des groupes mixtes qui se déplacent surtout dans les secteurs peuplés de conifères.

À la fin de l'hiver, la mésange fait entendre son chant qui annonce que bientôt les petites bandes seront dispersées en faveur des couples qui cherchent alors à s'isoler pour la période de nidification. Il est amusant d'observer un couple en train de creuser son nid dans un vieux chicot de bouleau blanc. À tour de rôle, mâle et femelle creusent de leur bec le bois pourri en prenant soin de transporter plus loin les copeaux qui attireraient l'attention des prédateurs s'ils étaient accumulés au pied du vieil arbre.

À la fin de l'été, on peut observer les groupes qui se reforment en vue de la prochaine saison froide. Et le cycle reprend à nouveau, et la vie continue...

Les pics

De taille légèrement supérieure à celle d'un moineau, le **Pic mineur** est un oiseau facile à reconnaître. Contrairement à la plupart des oiseaux qui se perchent, marchent ou sautillent, le pic se remarque le plus souvent grimpant à une branche ou au tronc d'un arbre. Il se déplace par petits bonds, utilisant ses pattes et sa queue comme points d'appui. Les pattes, formées de quatre doigts, sont munies de solides «griffes» alors que la queue est composée de plumes très rigides taillées en pointe à l'extrémité.

Friand des insectes qui rongent et font mourir les arbres, il pique l'écorce de son bec, à la recherche de sa pâture. Au besoin, il creuse un petit trou jusqu'à la cavité où se terrent les parasites qu'il attrape en y poussant sa langue sur laquelle s'agglutinent ses victimes; ce manège ne fait pas tort aux arbres ainsi visités, tout au contraire...

À la mangeoire, le pic s'intéresse principalement au suif qui lui fournit un substitut appréciable lors des froides périodes d'hiver. Mais il ne néglige pas pour autant sa tâche première et il continue à ausculter les arbres des alentours.

Le **Pic chevelu** est semblable au Pic mineur, à quelques détails près. Il mesure 20 cm comparé à 15 cm pour son cadet. Son bec est plus long et plus fort. De plus, la queue noire est bordée de plumes blanches immaculées alors que chez le Pic mineur, ces rectrices blanches sont marquées de taches noires. Pour ce qui est du reste de la livrée, l'uniforme est identique : ventre et dos blancs, ailes noires marquées de points blancs disposés en damier, tête rayée de noir et de blanc.

S'il vous arrive d'apercevoir un pic décoré d'une bande rouge au-dessus de la nuque, il ne s'agit pas d'une espèce différente : c'est le mâle qui porte cette marque, autant chez le Pic chevelu que chez le Pic mineur. Dans le cas des pics la distinction semble plutôt mince mais elle sert tout de même d'attrait lorsque le mâle fait la cour à sa compagne.

Vous serez certainement fasciné de voir un de ces pics marteler un arbre de son bec. Il faut dire que la boîte crânienne de cet oiseau est très solide pour absorber les chocs répétés. Très peu craintifs, ces pics se laissent facilement approcher, si vous avancez lentement. Il s'agit cependant d'une habitude qui tourne souvent à leur désavantage puisqu'ils deviennent ainsi facilement victimes d'enfants en mal de tuerie. C'est une des raisons qui font que les effectifs de ces espèces ont considérablement diminué au cours des dernières années, plus particulièrement dans le cas du Pic chevelu.

Une certaine éducation reste à faire, autant auprès des jeunes qu'auprès des adultes. Il est hélas d'usage assez répandu de braconner ou de s'amuser à tirer sur ces cibles mouvantes que représentent les oiseaux. Une meilleure prise de conscience collective permettra d'éliminer graduellement ces comportements arriérés. Il revient à chacun de nous de voir à ne pas perturber cet environnement déjà passablement attaqué.

Le fait de nourrir les oiseaux durant l'hiver est un excellent moyen de sensibiliser son entourage.

À ce noyau de résidents d'hiver, on pourrait ajouter quelques autres espèces qui nous visitent plus ou moins régulièrement selon les régions où l'on habite :

le Bruant hudsonien
le Roselin pourpré
le Sizerin flammé
le Cardinal rouge
le Grimpereau brun
la Mésange à tête brune
le Jaseur boréal
l'Étourneau sansonnet.

Dans ce cas, il arrive fréquemment qu'il s'agisse d'un résident qui établit ses quartiers d'hiver aux plateaux de nourriture. On intégrera à l'étude du groupe suivant, une description plus détaillée des mœurs de cet oiseau.

En d'autres saisons

On rencontre assidûment autour des habitations :

l'Étourneau sansonnet
le Merle d'Amérique
l'Hirondelle bicolore
le Quiscale bronzé
le Bruant familier
le Martinet ramoneur.

Si vous avez un jardin près de la maison, vous pourrez y accueillir :

le Bruant chanteur
le Chardonneret jaune
le Colibri à gorge rubis
des hirondelles
le Troglodyte familier.

Les gens de la ville sont plus familiers avec le **Pigeon biset** mais ils peuvent aussi voir évoluer l'**Engoulevent d'Amérique** qui fait son apparition au crépuscule, perçant le bruit de la circulation de son cri caractéristique.

Selon l'étendue de la propriété qui entoure votre demeure, vous pouvez également noter **une foule d'autres espèces,** particulièrement **lors des migrations** du printemps et de l'automne car en ces occasions, les oiseaux ne sont pas strictement rattachés à un habitat précis et peuvent se servir des arbres et arbustes avoisinants pour une halte plus ou moins longue. Restez aux aguets à ces époques de l'année et vous pourrez ainsi établir une bonne liste de visiteurs occasionnels.

Voyons à présent le cas de ces **oiseaux communs autour des habitations, en d'autres saisons que l'hiver.**

L'Étourneau sansonnet

Dès les premières semaines de mars, on voit revenir des régions méridionales adjacentes, les bandes d'Étourneaux sansonnet. Bien qu'il en reste toujours quelques-uns qui passent l'hiver sous nos latitudes, la majorité de ces oiseaux émigrent plus au sud pour échapper aux rigueurs de l'hiver.

L'étourneau est connu à la grandeur du continent nord américain. Originaire d'Europe d'où il fut importé vers 1890, il a fait chez nous plus de ravages encore que le moineau, son triste comparse. Cet oiseau noir au bec mince et effilé, a lui aussi des habitudes grégaires et, groupé en colonies, il s'est imposé partout en Amérique du Nord, chassant même les espèces indigènes comme le Merlebleu de l'est qui est ainsi menacé.

On voit l'étourneau s'installer près de nos habitations pour y faire son nid et élever sa famille, mais c'est d'abord dans les champs qu'on doit le chercher au début du printemps, là où ils se rassemblent en bandes mêlés à d'autres oiseaux noirs que nous décrirons dans une section subséquente.

C'est à juste titre que l'on peut qualifier l'Étourneau sansonnet d'oiseau le moins aimé en Amérique.

Ce qualificatif de sansonnet (petit samson) est relié à son attitude fanfaronne et déplaisante alors que son nom scientifique «Sturnus vulgaris» reflète bien ce qu'il a de «commun».

L'étourneau est particulièrement agressif lorsque vient le temps de réclamer un site pour faire son nid; il n'hésite pas alors à déloger les occupants précédents, parvenant même à s'approprier des nichoirs installés pour la Crécerelle d'Amérique, le plus petit de nos faucons. Pour les individus qui passent l'hiver dans nos parages, il est aisé de se prévaloir de leur «droit» avant l'arrivée des espèces qui sont allées se réfugier plus au sud et qui ne reviennent que plus tard au printemps. Ainsi, il a tôt fait d'occuper les trous creusés par le Pic flamboyant et on en voit même parfois qui harcèlent ce pic dès son retour, l'obligeant à creuser plusieurs cavités avant de pouvoir en garder une pour son propre usage.

Dans certains cas, on a même vu des étourneaux briser les œufs des autres espèces nichant dans des cavités naturelles ou dans des maisonnettes d'oiseaux; certains vont jusqu'à tuer les jeunes fraîchement éclos ou encore des adultes en train de couver.

À la fin de l'été, on peut remarquer des rassemblements imposants d'étourneaux qui se regroupent chaque soir pour passer la nuit dans des «dortoirs» qu'ils vont rejoindre en volées bruyantes. À l'automne, une bonne partie de cette population indésirable nous quitte pour s'attrouper en armées dévastatrices chez nos voisins du sud.

Le Merle d'Amérique

C'est la grive de nos parterres, le rouge-gorge de nos jardins. Le Merle d'Amérique est surtout représenté alors qu'il arpente une pelouse par petits bonds, scrutant chaque recoin d'herbe, écoutant attentivement, la tête penchée au ras du sol puis s'agrippant enfin à un ver de terre qu'il s'esquinte à tirer de son trou.

L'identification de cet oiseau est très simple : le merle est un oiseau de 20 cm environ; il est trapu et se reconnaît à ses dessus gris et ses dessous roussâtres, soulignés de plumes blanches sous la queue (les sous-caudales). Le mâle a la tête noire, la poitrine et le ventre d'une teinte rousse plus prononcée que chez la femelle qui a les parties inférieures plus ternes et la tête grisâtre. Quant aux jeunes, ils ont l'abdomen marqué de points noirs sur un fond blanc, maculé de roux.

Bien que communément appelé grive, le Merle d'Amérique se distingue de cette dernière qui est strictement reliée aux régions boisées. Le merle construit souvent son nid près des habitations; c'est une coupe soigneusement travaillée, faite de brindilles et de radicelles mélangées à de la boue que la femelle façonne avec soin, en pressant la poitrine et le ventre contre la paroi intérieure. Les œufs bleu pâle sont habituellement au nombre de quatre, une couvée pouvant varier de 3 à 6 œufs. Après deux semaines d'incubation, les jeunes restent environ deux autres semaines au nid. Une fois hors du nid, ils sont l'objet de soins assidus pour une période pouvant aller jusqu'à quatre semaines. Si la femelle entreprend une deuxième nichée, ce qui est le cas la plupart du temps, le mâle se voit confier la tâche de surveiller les premiers rejetons.

Au début de chaque période de nidification, on assiste à des batailles entre individus cherchant à établir une prépondérance sur le territoire qui servira à élever la petite famille. À la fin de la saison de nidification, les merles se rassemblent en troupes plus ou moins nombreuses pour entreprendre la migration vers le sud; ils vont hiverner du nord des Etats-Unis jusqu'en Amérique centrale. Cependant, il y a toujours quelques individus qui passent l'hiver dans nos parages, se nourrissant alors de baies et de fruits sauvages.

Le chant harmonieux du merle est très remarquable. On l'entend particulierement à l'aube et au crépuscule; beaucoup de gens associent un de ses chants, le «chant de pluie», à la mauvaise température qui s'annonce. Les différentes mélodies que le merle fait entendre viennent égayer les alentours et nous rendent cet oiseau très sympathique.

L'Hirondelle bicolore

Une hirondelle ne fait pas le printemps, selon le dicton. Mais c'est avec plaisir que l'on voit revenir cet oiseau au début d'avril. On est vite charmé par le joyeux gazouillis de l'hirondelle et qui n'est pas ébloui par la grâce qu'elle démontre en vol ?

Si vous avez placé une cabane à son intention près de chez vous, vous la verrez y revenir fidèlement d'une année à l'autre. Aussitôt de retour, elle s'empresse de réclamer le nichoir.

Cependant, si une période de pluie ou de froid survient, elle disparaît des environs pour quelques jours. Si vous connaissez un cours d'eau d'importance dans les parages, allez-y et vous verrez alors des centaines de ces hirondelles évoluant au-dessus de l'eau à la recherche de leur pitance. Le beau temps revenu, l'hirondelle s'installe dans la maisonnette.

Les séances de guets sont marquées d'une sérénade ou d'un brin de toilette. On assiste aussi à des vols en duo ressemblant parfois à des poursuites effrénées. L'hirondelle devient très agressive lorsque la couvée est en cours; s'approcher de trop près provoque de virulentes attaques, l'oiseau fonçant directement sur l'intrus qu'il esquive à la dernière fraction de seconde. Les œufs sont pondus à un intervalle d'une journée jusqu'à concurrence de six habituellement; d'un blanc immaculé, ils reposent sur un nid d'herbes tapissées de plumes. Normalement, il y a toujours un adulte présent au nid, qu'on peut voir, à l'occasion, la tête dans l'ouverture du nichoir, attendant la relève de son partenaire.

La période de nourrissage des jeunes est très active et les parents rivalisent de diligence pour apporter la nourriture aux oisillons. Les hirondelles prennent soin de nettoyer le nid jusqu'aux derniers jours précédant le premier envol des rejetons. À ce moment, les oiseaux peuvent se rassembler pour assister à l'événement; ils restent dans les environs pour quelques jours encore mais quittent ensuite les lieux pour se regrouper en troupes importantes près des marais et aux abords des cours d'eau.

À certains endroits, comme le long de la voie maritime du Saint-Laurent à Valleyfield, on peut en compter des milliers, alignés côte à côte sur les fils électriques.

Le reflet verdâtre illustré dans les guides d'identification n'est visible que dans certaines conditions d'éclairage. Habituellement, l'oiseau apparaît bleu sur le dessus et blanc en dessous. Si vous surplombez l'oiseau du haut d'une falaise par exemple, vous pourrez entrevoir cette teinte verte représentée dans les livres.

Le Quiscale bronzé

De tous les oiseaux noirs fréquentant les abords des habitations, le Quiscale bronzé est celui qui est le plus imposant. Sa taille plus forte fait que certaines personnes non initiées le confondent avec la corneille alors qu'ils prennent celle-ci pour un corbeau. Ce qui donne au Quiscale cette apparence imposante, c'est sa longue queue dans le prolongement d'un corps élancé, le long bec légèrement courbé complétant la silhouette effilée. En somme, il paraît deux fois plus gros que la plupart des autres oiseaux noirs, l'étourneau entre autres. Son cri grinçant et court est distinctif. Le trait le plus saisissant est la forme en «V» que prend la queue à l'envol de l'oiseau. Soulignons cependant qu'il n'y a que le mâle qui fasse voir cette caractéristique, la femelle n'ayant pas la queue aussi longue, et de ce fait paraissant plus petite.

Sur les terrasses, on voit déambuler fièrement le Quiscale de son pas sûr et autoritaire; il avance lentement, laissant traîner au sol sa longue queue noire. En examinant l'oiseau avec attention, vous verrez que la tête et le cou présentent des reflets d'un bleu métallique iridescent. La structure superficielle de la plume reflète la lumière, filtrant les couleurs pour présenter ce châtoiement de teintes bleues, mauves, violettes et pourprées.

Lorsque plusieurs quiscale sont rassemblés, notez qu'à l'arrivée, chacun pointe le bec vers le ciel, indiquant ainsi son intention pacifique. Si deux d'entre eux se rapprochent trop, la manœuvre se répète, à moins qu'ils ne décident de s'affronter pour obtenir les faveurs d'une femelle; les antagonistes gonflent alors leur plumage et hérissent les plumes tout en ouvrant les ailes et en écartant les rectrices de la queue.

La plupart des quiscales nichent dans les conifères et de ce fait, leur nid est difficile à localiser. La femelle couve toute la nuit, alors que le mâle se joint à une communauté d'oiseaux rassemblés en «dortoirs». Ces lieux de rassemblement comprennent également des individus d'autres espèces, tels les étourneaux, les carouges et les vachers.

Dans les livres d'identification, cet oiseau est illustré avec un coloris que l'on n'observe qu'occasionnellement. Rappelez-vous cependant que les illustrations sont faites dans des conditions d'éclairage particulier, l'artiste tenant en main un spécimen qu'il examine sous différents angles à la lumière artificielle de sa table de travail.

Le Bruant familier

Le Bruant familier ressemble quelque peu à un moineau, mais il s'en distingue par sa taille légèrement plus petite et une calotte rousse qui orne le dessus de la tête. Le bec est mince et une ligne noire (partant de sa base) passe par l'œil jusqu'à la nuque; cette ligne est rendue plus évidente par un trait blanchâtre marquant le dessus de l'œil (ligne superciliaire). Les parties inférieures sont pâles, de teinte grisâtre, le dos est brunâtre et le croupion gris.

Le chant du Bruant familier se reconnaît facilement : c'est une sorte de trille qu'il émet d'un perchoir bien en vue (arête d'un toit de maison, antenne de télévision, arbre d'ornement). Si vous disposez d'une enregistreuse à cassettes, vous pouvez facilement l'attirer en faisant jouer son chant. Il répondra vigoureusement par une vocalise, tout en cherchant à situer la provenance du chant provocateur. En vous déplaçant alors en ligne droite, vous l'amènerez d'une extrémité à l'autre de son territoire. Pendant qu'il délimite sa propriété au cours de ses déplacements, vous le verrez s'engager dans des batailles de frontières avec ses voisins immédiats. Vous pourrez ainsi déterminer l'étendue du secteur qu'il se réserve. Notez aussi que le Bruant familier réagit également au chant d'espèces complètement différentes, comme les parulines par exemple.

Très actif, ce bruant dépouillera vos arbres, arbustes et plantes du jardin d'une foule d'insectes nuisibles; on peut le remarquer également dans l'herbe où il sautille à la poursuite de petits papillons qu'il attrape au vol.

Le Martinet ramoneur

Maître incontesté de la haute voltige, le martinet ne se voit presque jamais perché. Observez soigneusement ses évolutions et vous en arriverez vous-même à cette stupéfiante constatation. Le seul moment où on peut le surprendre au repos est à son nid, dans une cheminée ou une bouche d'aération d'un bâtiment de ferme. En vous approchant de son abri, vous l'entendrez émettre un sifflement de serpent qui vous fera instinctivement reculer. En éclairant d'une lampe de poche la paroi intérieure où il s'est accroché, vous découvrirez plusieurs martinets rassemblés dans un même endroit. Son nid en forme de coupe est fixé à la muraille.

En vol, le martinet émet régulièrement un cri distinctif, rapide et strident. Mais il y a quelque chose de bizarre dans son vol : on a vraiment l'impression que cet oiseau ne bat pas des ailes comme les autres. En effet, il semble battre des ailes alternativement plutôt que simultanément. Cette illusion est due au fait que le martinet se balance en vol, basculant d'un côté et de l'autre. On a pu en arriver à cette conclusion après avoir filmé l'oiseau et examiné cette manœuvre au ralenti.

Rarement aurez-vous l'occasion d'en voir un d'assez près pour noter le bec menu et les plumes de la queue (rectrices) prolongées en forme d'aiguilles rigides dépassant légèrement à l'extrémité. Ce qui est le plus évident, c'est la silhouette effilée en forme de faux. Les débutants confondent tout de même assez souvent le martinet avec une hirondelle en vol; en remarquant le rythme et la séquence des battements d'ailes, on évite la confusion.

Si vous avez l'occasion d'assister à un vol migratoire au crépuscule, vous verrez alors un spectacle extraordinaire. Plus d'une centaine de ces oiseaux peuvent venir s'engouffrer dans une haute cheminée en un vol tourbillonnant qui les voit plonger dans cet abîme. C'est cette prédilection pour les cheminées, tant comme aire de repos que comme site de nidification, qui a valu au martinet son qualificatif de «ramoneur».

OCCASIONNELLEMENT

Les descriptions suivantes seront moins détaillées car les **espèces** mentionnées sont **plus ou moins fréquemment observées** autour des habitations. Nous les énumérons dans le but de montrer les différentes possibilités d'observation que chacun peut faire selon l'endroit où il habite.

Le Bruant chanteur

Classé vers la fin sur les listes taxonomiques américaines, le Bruant Chanteur est de ce fait considéré comme l'un des oiseaux ayant le plus évolué. Cette évolution est rattachée au caractère vocal de l'oiseau qui, comme son nom l'indique, est un chanteur accompli. On connaît plusieurs variations du chant de base chez ce bruant, chaque individu possédant, semble-t-il, sa propre vocalise. Très tôt au printemps, le Bruant chanteur fait connaître sa présence en interprétant sa sérénade; il ne s'agit pas d'un cri ou d'une brève émission vocale mais véritablement d'une phrase musicale élaborée.

À peu près de la taille d'un moineau, le Bruant chanteur est un oiseau brun ayant les joues marquées d'un dessin triangulaire, souligné de moustaches brunes découpant de chaque côté la gorge blanche. Les flancs sont fortement marqués de rayures brunes qui se rejoignent sur la poitrine pour former une tache foncée, caractéristique de ce bruant. Une longue queue arrondie donne une silhouette particulière à cet oiseau dont le vol saccadé est distinctif.

Une fois le couple formé et les activités de reproduction en marche, le bruant se montre très discret, limitant ses apparitions en terrain découvert au strict minimum.

Il reste toujours quelques individus de cette espèce qui passent l'hiver à des postes d'alimentation ou dans des marais bordés de champs leur offrant la nourriture nécessaire à leur subsistance.

Le Chardonneret jaune

Cet oiseau est souvent considéré comme un «serin sauvage». Sa coloration jaune l'apparente à un serin mais là s'arrête la comparaison. Le chardonneret ne manque pas d'attirer l'attention lorsqu'il évolue dans les parages. Son coloris est vif : les ailes et la queue noires tranchent vivement sur le jaune citron, le tout relevé par une tache noire sur le front, faisant ressortir de façon contrastante le bec pâle de teinte rosée. La femelle a un plumage moins voyant, ce qui l'avantage lorsqu'elle couve dans un «feuillu»; son dos n'est donc pas jaune, mais verdâtre de sorte que pendant qu'elle se tient immobile sur le nid, elle échappe à l'œil inexpérimenté.

Notons en passant que le mâle revêtira ce même plumage durant la saison hivernale, ce qui fait d'ailleurs qu'il passe souvent inaperçu, étant donné qu'on est habitué de l'associer à cette teinte jaune éclatante de la période estivale. Certains individus passent même tout l'hiver dans les environs, quelques-uns prenant l'habitude de fréquenter les postes d'alimentation où on leur offre des graines de chardon.

Au printemps, ayant revêtu ses plus beaux atours, il chante allègrement d'un perchoir bien en vue. En vol, il émet également un cri distinctif mais ce qui est le plus caractéristique, c'est son vol ondulé marqué d'une série de battements d'ailes qui lui permettent de s'élever, battements suivis d'une pose qui fait plonger l'oiseau.

Cependant, le chardonneret ne niche que plus tard durant l'été et quand les jeunes quittent le nid, le temps froid est déjà de retour et l'automne s'annonce pour bientôt.

Le Colibri à gorge rubis

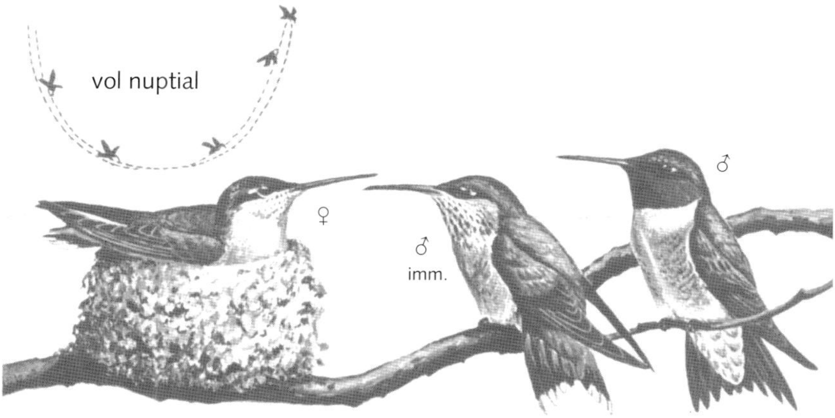

Le colibri est communément appelé «oiseau-mouche». Pouvoir l'observer de façon détaillée n'est pas donné au premier venu. La plupart du temps on n'en a qu'une vision passagère alors que cet oiseau minuscule, tel un gros bourdon, file à vive allure. Par contre, si vous avez des plate-bandes garnies de fleurs ou encore des lilas dans votre cour, vous pourrez le voir manœuvrer de plus près. On peut même l'attirer à un poste d'alimentation en préparant un mélange d'eau sucrée et d'un colorant dans une petite bouteille, éprouvette ou capsule percée d'un orifice par lequel le colibri viendra s'abreuver. C'est tout un spectacle que d'observer cet oiseau à peine plus gros qu'un insecte, allant et venant d'un mouvement brusque. C'est d'ailleurs le seul qui peut véritablement faire «marche arrière». Son vol est extraordinaire. On a estimé que ses battements d'ailes pouvaient atteindre un rythme de 200 à la seconde. On a même évalué sa vitesse de croisière à près de 80 kilomètres à l'heure. Étonnant pour un si petit oiseau !

Il existe plusieurs variétés de colibris, mais dans nos régions, on ne rencontre que le Colibri à gorge rubis. D'une teinte d'un vert étincelant sur le dos, le colibri a les dessous blancs. Les ailes en action ne nous apparaissent que comme une vibration rapide semblable à celle des insectes. Le bruit produit par les ailes ressemble d'ailleurs à celui d'un bourdon, d'où le nom anglais de «humming-bird».

La gorge rubis du mâle n'est cependant visible qu'en certaines occasions, d'un angle approprié et avec des conditions d'éclairage favorable.

Le nid, à peine plus gros qu'une pièce d'un dollar, est l'objet d'une surveillance attentive du mâle qui passe de longues heures perché à surveiller les alentours.

D'autres hirondelles

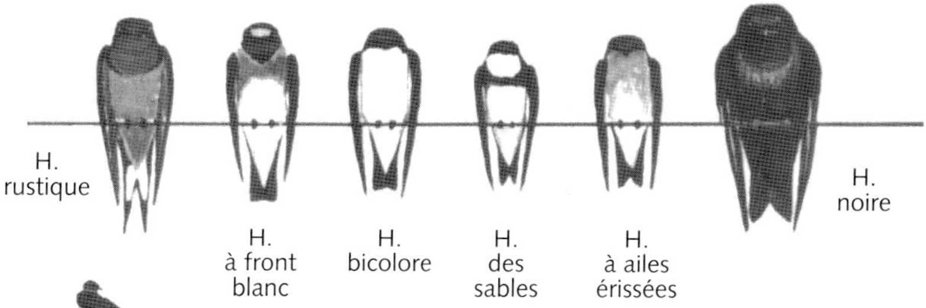

nichoir à
Hirondelle noire

Hirondelle noire
L 18cm

Hirondelle
à front blanc
L 13cm

au nid

Hirondelle
rustique
L 15cm

Près d'habitations situées à proximité d'un cours d'eau important, on peut ériger un nichoir pour l'**Hirondelle noire** (Hirondelle pourprée). Cet oiseau niche en colonie de plusieurs individus et accepte volontiers les maisonnettes à logements multiples. Pour éviter que les étourneaux ou les moineaux ne s'en emparent avant le retour des hirondelles, il faudrait obstruer les ouvertures d'une façon quelconque, à l'aide de guenilles par exemple.

Les bâtiments situés à la campagne sont souvent les hôtes de l'**Hirondelle rustique** (Hirondelle des granges), magnifique oiseau aux couleurs orangées en dessous et bleu métallique sur le dessus. Cet oiseau fait son nid à l'aide de boulettes de boue et vous pouvez favoriser son installation en aménageant un coin où vous laissez l'eau s'infiltrer dans le sol que vous arrosez fréquemment pour éviter qu'il ne sèche.

Une autre espèce d'hirondelle qui fait son nid sur les bâtisses, est l'**Hirondelle à front blanc.** Moins commune cependant, elle fait un nid en forme de gourde, contrairement à celui de l'Hirondelle rustique qui est en forme de coupe. On distingue ces deux espèces par la queue : carrée chez l'Hirondelle à front blanc, fourchue chez l'Hirondelle rustique; aussi, vue de dessus et en vol, la première a un croupion orangé.

Le Troglodyte familier

Le Troglodyte familier est un autre oiseau que l'on rencontre dans le voisinage des habitations. Très petit, cet oiseau a les parties supérieures brunes et inférieures blanchâtres. Il a une particularité qui le rend facile à reconnaître : il maintient souvent sa queue perpendiculaire à son corps. Son chant est d'une musicalité et d'une force surprenante pour un si petit oiseau. Très agressif, il peut facilement déloger les autres occupants d'une maisonnette installée près de votre demeure.

Le Pigeon biset

Le pigeon n'a pas besoin d'une longue présentation. Cet oiseau est originaire de l'ancien monde. Son qualificatif de biset signifie gris; il est bel et bien le pigeon gris de nos parcs, de nos agglomérations urbaines et de banlieues, de nos villages et de nos campagnes. Bref, on le retrouve partout, s'étant implanté à l'état mi-sauvage, mi-domestique. Échappé de fermes d'élevage, il a su s'adapter à la vie sauvage et à la liberté, profitant du voisinage humain pour s'installer confortablement.

Étant ainsi bien répandu, il constitue un sujet idéal pour l'amateur d'étude du comportement. On peut le remarquer dès la fin de l'hiver alors qu'il commence déjà à faire la cour à sa partenaire : courbettes, roucoulements, «tourniquettes» et battements sonores des ailes, voilà autant d'éléments faisant partie de la parade nuptiale. On peut également le voir gonfler les plumes du cou et relever la poitrine tout en ayant l'air de se tenir sur le bout des pieds : il fait le jars, cherchant à s'attirer les faveurs de sa belle. À l'envol, on entend le bruit provoqué par les ailes qui claquent l'une contre l'autre; un vol plané, les ailes déployées en V, est une autre manifestation des périodes de fréquentations assidues.

Sédentaire, le pigeon a établi ses quartiers en permanence dans notre contrée où, proliférant sans cesse, il est devenu un fléau pour les monuments et édifices publics. Dans certaines grandes villes, on a même étudié la possibilité d'en réduire les effectifs, voire même de l'exterminer de certaines zones populeuses.

L'Engoulevent d'Amérique

Pour les gens des villes, c'est un autre oiseau (outre les moineaux, les étourneaux et les pigeons) que l'on peut facilement observer, mais qui échappe à la plupart des gens à cause de ses habitudes nocturnes. À la tombée du jour, on peut le voir voletant dans le ciel au-dessus des toits, à la recherche d'insectes de toutes sortes qu'il attrape en vol, le bec grand ouvert (de là son nom d'Engoulevent). Son cri est nasillard. Cependant un autre son est produit lors du vol : une sorte de bourdonnement provoqué par l'air qui s'infiltre entre les plumes des ailes. C'est intentionnellement que l'engoulevent actionne ainsi les rémiges de ses ailes afin de produire ce bruit lorsqu'il plonge vers le sol.

Les observations que l'on peut faire de cet oiseau sont forcément limitées puisqu'il évolue de nuit; mais reste le fait qu'il se reconnaît facilement à sa silhouette élancée, à ses grandes ailes pointues et ployées, de même qu'à son vol zigzaguant. Notons enfin qu'il niche souvent sur les toits plats des édifices de la ville.

DANS DES HABITATS VARIÉS

PARCS, ESPACES BOISÉS ET TERRAINS ABANDONNÉS

Souvent à proximité des habitations, se trouve un parc, un espace boisé ou un terrain vague laissé à l'abandon.

Ces milieux abritent une catégorie d'oiseaux particuliers. En voici quelques-uns :

l'Oriole orangé
le Pic flamboyant
le Tyran tritri
le Moqueur chat
le Moqueur roux
le Jaseur d'Amérique (Jaseur des cèdres)
la Paruline jaune
la Paruline masquée

Bien sûr, il y a plus que cela, mais notre but est ici de vous donner un aperçu des espèces les plus communes. Des ouvrages plus spécialisés traitent en détail de chaque espèce ou d'une catégorie particulière reliée à chaque habitat. En nous éloignant de la maison, nous aurons besoin d'apporter calepin de notes et crayon afin d'enregistrer soigneusement ce que nous verrons. Il n'est plus question de travailler confortablement installé chez soi; à partir de maintenant, c'est l'aventure qui commence... À vous de la vivre intensément, préparé à toutes sortes de rencontres, prêt à quelques surprises...

Si on s'arrête encore à décrire **certaines espèces**, c'est qu'elles **peuvent à l'occasion se retrouver sur le pas de votre porte... sur la pelouse... dans votre jardin... dans les arbres d'ornement des alentours de votre demeure.**

La même remarque s'appliquera aux sections suivantes traitant des autres habitats bien que parfois la présence d'une espèce en provenance de ces secteurs ne soit qu'accidentelle ou encore passagère. Certains oiseaux, comme la Bernache du Canada, ne font que survoler les habitations.

Oriole du Nord

Jusqu'à quelques années encore, l'Oriole du Nord était désigné sous le nom d'Oriole de Baltimore. Dans l'ouest, un oiseau semblable, l'Oriole de Bullock, s'en distinguait par quelques différences de plumage. Le critère présidant à la désignation d'une espèce distincte est le fait que les oiseaux d'une même espèce ne se reproduisent qu'entre eux. Si, par exception, un oiseau s'accouple avec un individu d'une espèce différente, on obtient un hybride de ces deux espèces, hybride qui est stérile. Or, on a constaté que dans les provinces de l'Ouest où se rencontraient à la fois l'Oriole de Baltimore et l'Oriole de Bullock, les deux oiseaux pouvaient donner naissance à une progéniture féconde; il a donc fallu changer la classification et l'on a décidé de désigner les deux orioles par un seul nom : l'Oriole du Nord, en distinguant cependant la sous-espèce de l'Est de celle de l'Ouest.

Outre ses couleurs très voyantes, tête noire couronnant un corps d'une vive couleur orangée, l'oriole a une autre caractéristique qui le distingue nettement. Il construit un splendide nid en forme de bourse, suspendu à une petite branche qui en interdit l'accès aux intrus trop lourds. Cette construction est un chef-d'œuvre d'architecture, d'autant plus que les matériaux utilisés font penser à des fils d'argent. Pour compléter le portrait, ajoutons que l'oriole est un superbe chanteur.

Le Pic flamboyant

vol du P. flamboyant

(Forme dorée)
L 27cm

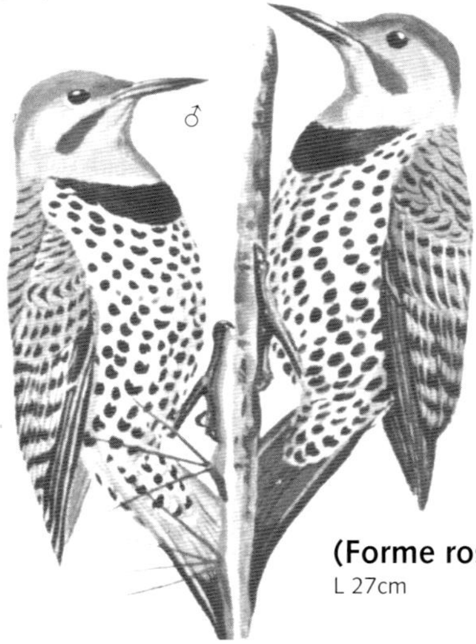

♂ ♂

(Forme rosée)
L 27cm

forme dorée

forme rosée

forme dorée

♂

♀

forme dorée

Le Pic flamboyant est un autre oiseau remarquable. Lui aussi il a vu une modification se produire concernant le statut de deux espèces auparavant considérées distinctes : le Pic doré et le Pic rosé. Pour les mêmes raisons citées au sujet de l'oriole, ces deux espèces sont maintenant jumelées sous le vocable de Pic flamboyant, dont on distingue la sous-espèce de l'Est au dessous des ailes dorées, de l'espèce de l'Ouest qui est rosée sous les ailes.

Très coloré lui aussi, il a une habitude différente des autres pics : on le voit en effet très souvent au sol où il se nourrit surtout de fourmis. Il émet un cri retentissant très caractéristique.

Le Tyran tritri

Le Tyran tritri porte bien son nom. Très agressif, il défend vigoureusement son territoire, s'attaquant sans distinction à tous les intrus, tyrannisant littéralement les voisins qui s'en approchent trop à son goût. Son cri lui a valu la seconde partie du nom : tritri.

Ses victimes favorites sont les corneilles et les buses qu'il attaque sans vergogne les pourchassant violemment jusqu'à des hauteurs impressionnantes. J'ai même eu l'occasion de voir une Buse à queue rousse assaillie par un tyran qui s'est jeté sur son dos à trois reprises.

Perché bien en évidence au sommet d'un arbre, on note facilement cet oiseau aux parties supérieures noires et inférieures blanches. De son poste d'observation, il s'élance dans les airs pour attraper en vol les insectes qui se sont aventurés dans son entourage. Il va même jusqu'à attraper de grosses libellules qu'il a parfois de la difficulté à avaler.

Le Moqueur chat et le Moqueur roux

Le Moqueur chat est un oiseau que l'on entend plus souvent que l'on ne voit. Bien à l'abri dans la végétation, il émet son cri d'alarme qui lui a valu le nom de Moqueur chat. Son chant est une répétition de phrases qu'il reprend une fois. Le Moqueur roux a un chant où la répétition est double. Ce dernier est parfois bien en vue perché au sommet d'un arbre d'où il chante allègrement.

Bien que portant tous deux le nom de moqueur, ces deux espèces ont un plumage complètement différent. Le Moqueur chat est d'une teinte grisâtre, couronné d'une calotte noire et décoré d'une tache brune (marron) sous la queue. Quant au Moqueur roux, son nom se réfère au coloris de ses parties supérieures d'une couleur très vive, alors que les parties inférieures (gorge, poitrine, ventre et sous-caudales) sont blanches rayées de brun.

Le Jaseur d'Amérique

(Le Jaseur des cèdres)

Le Jaseur d'Amérique (Jaseur des cèdres) est un oiseau au plumage brun si lisse qu'on croirait qu'il s'agit d'une peau plutôt que de plumes. On le reconnaît à sa huppe. Il a un masque noir autour des yeux. Sur les ailes, des taches rouges semblables à la cire dont on se servait autrefois pour cacheter les lettres, lui ont valu son nom anglais de «waxwing». Raffolant de fruits sauvages, il s'en gave au point de s'en saouler à l'occasion. Son cri est distinctement aigu.

La Paruline jaune et la Paruline masquée

Deux des parulines qui fréquentent notre voisinage, la Paruline jaune et la Paruline masquée, ont des chants distinctifs qui permettent de les identifier avant même de les apercevoir. La Paruline jaune s'observe plus facilement que l'autre qui reste généralement bien à l'abri des regards.

Les parulines sont de petits oiseaux très agités, aux mouvements vifs. Bien que leur plumage soit généralement très coloré, elles sont d'observation ardue, car elles bougent constamment; souvent on les entrevoit à peine. Alors même que l'on vient tout juste de localiser l'oiseau à la jumelle, il disparaît du champ de vision. Mais observer des parulines est un défi que l'on parvient à relever avec l'expérience.

CHAMPS, PATURAGES ET TERRAINS EN CULTURE

Dans ces endroits, on peut observer une autre catégorie **d'oiseaux plus typiques de ce genre d'habitat.**

Le Bruant des neiges

En hiver, les champs et terres cultivés reçoivent la visite du Bruant des neiges, plus familièrement appelé «oiseau des neiges». Visiteur venu de la toundra arctique, il passe la saison froide sous nos latitudes, vagabondant d'un champ à un autre en quête de graines dont il se nourrit. On le voit rarement seul mais plutôt se déplaçant en bandes parfois imposantes; en vol, ils virevoltent, donnant ainsi l'impression d'une rafale de neige alors que les oiseaux, d'un mouvement d'ensemble, présentent successivement leur ventre blanc puis leur dos brunâtre. Vu de près, le bruant est très joli, les tons de son plumage étant extrêmement doux dans des teintes de blanc, beige et orangé, le tout agrémenté d'un fort bec rosé.

Le retour des beaux jours annonce le **début de la migration printanière** s'échelonnant de la mi-mars jusqu'au début de juin. Cette période marque l'arrivée des milliers d'oiseaux qui nous avaient quittés à l'automne pour passer l'hiver plus au sud. C'est **dans les champs** qu'il faut chercher les premiers migrateurs dès le début de mars.

Le Carouge à épaulettes

Les premiers à nous revenir sont les Carouges à épaulettes, oiseaux noirs ornés d'une tache rouge à l'épaule; en vol, cette marque est très apparente et rend l'oiseau facile à reconnaître. Le carouge est l'oiseau le plus abondant en Amérique du Nord. On en rencontre partout en terrain découvert et humide, près des fossés et des canaux d'irrigation, dans les marais, marécages, tourbières et aux abords de cours d'eau. En y regardant de près, vous noterez que l'épaulette, d'une couleur rouge peu prononcée en mars, devient par la suite d'un coloris flamboyant. Le carouge ne manque d'ailleurs pas d'exhiber ses épaulettes écarlates lorsqu'il émet son cri proclamant son territoire. Le plumage de la femelle est plutôt terne, d'aspect brunâtre, rayé de traits de même teinte.

Le Vacher à tête brune

Le Vacher à tête brune est un autre oiseau noir qui se déplace en bandes nombreuses envahissant les champs encore à demi-enneigés tôt au printemps. Plus petit que le carouge, le vacher s'en distingue par un plumage moins étincelant, le corps noir étant surmonté d'une tête brune sans reflets. Le vacher a une particularité unique chez les oiseaux de nos régions. Au lieu de construire lui-même son propre nid et d'élever sa progéniture, il épie les grives, parulines et bruants et va ensuite déposer dans leur nid un œuf qu'il substitue à celui de l'autre espèce. La femelle, qui se livre à cette tactique peu loyale, se reconnaît à sa coloration grise. Ce parasitisme, auquel s'adonne le vacher, est très courant et beaucoup d'oiseaux en sont victimes. Il devient alors assez étrange d'observer une Grive des bois en train de nourrir un jeune vacher ou une Paruline jaune aux prises avec un affamé deux fois plus gros qu'elle ou encore un Bruant familier poursuivi par un petit monstre insatiable. Mais ce sont là des caprices de la nature et, bien que beaucoup d'oiseaux y échappent, d'autres en font les frais.

L'Étourneau sansonnet

Un troisième oiseau noir à nous revenir en troupes massives dans les champs : l'Étoumeau sansonnet. Plus petit que les deux précédents, l'étourneau est facile à reconnaître : tout noir, le bec jaune, il a un corps trapu et une silhouette caractéristique en vol, lui donnant l'apparence d'un avion à réaction (profil allongé, ailes pointues et queue carrée plutôt courte).

Le Quiscale bronzé

Toujours dans cette catégorie, le Quiscale bronzé se distingue par une taille supérieure mais aussi par un bec plus long et une queue également plus longue donnant ainsi à l'oiseau un aspect élancé, voire même une certaine élégance. Il a d'ailleurs été question de l'Étourneau sansonnet et du Quiscale bronzé à la section précédente.

La Corneille d'Amérique

corneilles houspillant une buse

tyrans houspillant une corneille

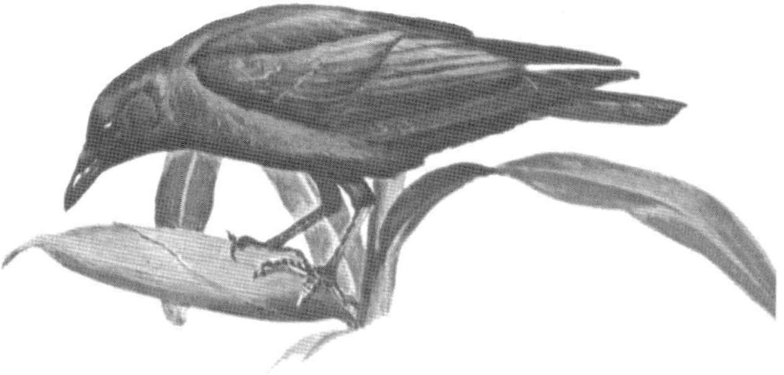

Pour compléter le tableau, le plus connu de tous les oiseaux noirs : la Corneille d'Amérique. Bien que plusieurs individus de cette espèce passent l'hiver dans nos régions, ce n'est qu'au retour du printemps qu'on peut les voir en grands nombres fréquenter les champs et les abords de nos routes. Il ne faut cependant pas la confondre avec le corbeau qui, en vol, s'en distingue par une queue terminée en pointe, alors que la corneille a la queue plutôt arrondie. Bien que régulièrement en évidence, la corneille sait demeurer à distance respectable. Il n'est pas facile de l'approcher et encore moins aisé de trouver son nid pourtant volumineux. Cet oiseau rusé est considéré comme l'un des plus «intelligents» de la gent ailée. En Europe, où le système de classification est différent de celui de l'Amérique, on classe d'ailleurs la corneille vers la fin de la liste taxonomique, parmi les oiseaux les plus évolués .

La Sturnelle des prés

De son côté, la Sturnelle des prés vient égayer le paysage de son coloris particulier. De la grosseur d'une grive, la sturnelle a le dos brun et le ventre d'un jaune éclatant orné d'un «V» noir sur la poitrine. Le vol de la sturnelle est distinctif; ses battements d'ailes sont peu prononcés : on dirait un frissonnement des plumes de l'aile plutôt qu'un battement réel. Les rectrices externes sont blanches, donnant ainsi à la queue une allure caractéristique. On a souvent tendance à confondre la Sturnelle des prés avec l'Alouette hausse-col (Alouette cornue), bien des personnes appelant la sturnelle une alouette.

L'Alouette hausse-col

(Alouette cornue)

(Race nordique)

(Race méridionale)

L'Alouette hausse-col (Alouette cornue) est un oiseau plus petit que la sturnelle, plus élancé, au vol vif et gracieux. Le chant est une pure merveille. Si vous avez la chance d'assister à la parade nuptiale du mâle, vous le verrez monter très haut dans les airs pour redescendre en tourbillonnant, se posant tout près de son point de départ. Tout au long de cette scène, vous entendrez son magnifique gazouillis. Certains individus de cette espèce passent l'hiver dans le sud-ouest du Québec, mais c'est en grand nombre qu'ils nous reviennent aussitôt que le mercure grimpe au-dessus de zéro et ce, dès la mi-février. Une balade sur nos routes de campagne à cette époque ne manque pas de les faire s'envoler de la bordure du chemin où elles se nourrissent dans l'herbe à peine dénudée de neige.

Le Pluvier kildir

Un autre oiseau des champs très remarqué est le Pluvier kildir. Qu'il soit en vol ou au sol, le pluvier ne passe pas inaperçu : il répète inlassablement son cri perçant «kildir» qui lui a valu son nom. L'identification visuelle est très facile : de taille à peine inférieure à la sturnelle, il semble plus grand, à cause de ses longues pattes qui le font courir plutôt que marcher. Il a le dos d'un brun uniforme alors que le ventre est blanc, décoré de deux colliers noirs. Si vous découvrez un nid de kildir, vous serez alors témoin d'un phénomène fascinant. Prêt à tout pour défendre sa progéniture, le pluvier feint une blessure à l'aile et étale les plumes de la queue pour faire voir le croupion orangé. Il se traîne péniblement au sol laissant pendre son aile «blessée», tout en émettant une série de petits cris stridents. Suivez l'oiseau et au bout d'une centaine de mètres, vous le verrez s'envoler en lançant un cri de victoire, sa nichée étant en sécurité. Mais surtout, n'insistez pas et laissez l'oiseau en paix; il retournera à son nid pour y rassembler ses oisillons sous son aile rassurante; il est inutile de traumatiser le pluvier en l'obligeant à répéter cette manœuvre.

Dans l'énumération précédente comme dans celle qui va suivre, la liste des espèces mentionnées n'est évidemment pas exhaustive.

Les cours d'eau et leurs abords

Si on quitte les champs pour les cours d'eau, le spectacle est encore plus impressionnant : aux canards qui ont passé l'hiver dans les secteurs libres de glaces, viennent alors s'ajouter en mars des groupes imposants d'oiseaux aquatiques de toutes sortes :

la Bernache du Canada
l'Oie des neiges
le Fuligule à dos blanc (Morillon à dos blanc)
le Fuligule milouinan (Grand Morillon)
le Fuligule à tête rouge (Morillon à tête rouge)
le Fuligule à collier (Morillon à collier)
le Canard pilet
le Canard d'Amérique (Canard siffleur d'Amérique)
le Canard huppé
le Petit Garrot
le Harle couronné (Bec-scie couronné)

Quant au Canard colvert, au Canard noir, au Garrot commun et au Grand Harle (Grand Bec-scie), bon nombre d'entre eux bravent les rigueurs de l'hiver et se concentrent particulièrement aux endroits où le courant est assez fort pour empêcher la glace de se former.

La Bernache du Canada

(petite sous-espèce)

La Bernache du Canada, communément appelée «oie sauvage» ou «outarde», est certes le mieux connu des oiseaux aquatiques. Elle se reconnaît aisément avec son grand cou noir marqué d'une large tache blanche sur la gorge et les joues. Les vols de migration qui s'étirent en longues files ou encore les typiques formations en «V» sont familières, d'autant plus que les oiseaux ne manquent pas de signaler leur présence par des cris caractéristiques qui nous font lever les yeux instinctivement à l'approche de ces grands voiliers.

L'Oie des neiges

L'Oie des neiges, est tout aussi distinctive. Les gens du Bas du fleuve et de la région de la vieille capitale, sont très familiers avec ce gros oiseau blanc aux ailes marquées de noir à l'extrémité. Il ne peut certes pas passer inaperçu avec une envergure de 1,5 mètre, d'autant plus qu'il a lui aussi l'habitude de se tenir en troupes parfois immenses.

Les fuligules (morillons)

Fulligule à tête rouge
L 36cm E 93cm

Fulligule milouinan
L 33cm E 78cm

Fulligule à collier
L 30cm E 70cm

Fulliguleà dos blanc
L 38cm E 95cm

Les fuligules (morillons) font partie de la famille des canards plongeurs, ceux qui s'immergent complètement pour chercher leur nourriture. Posés, ce sont des canards dont la partie antérieure (tête et poitrine) apparaît de couleur foncée alors que les flancs sont pâles, le dos plutôt grisâtre et l'arrière nettement noir.

Vu de près ou observé à la jumelle, le **Fuligule à tête rouge** (Morillon à tête rouge) montre une tête arrondie, un front relevé, un bec bleu cerclé de blanc et taché de noir à l'extrémité, alors que le dos est grisâtre.

Le **Fuligule à dos blanc (**Morillon à dos blanc) est lui aussi un oiseau à tête rouge mais le profil du bec noir dans le prolongement du front donne à la tête une apparence de sifflet, forme très différente de l'espèce précédente.

Le **Fuligule milouinan** (Grand Morillon) **et le Petit Fuligule** (Petit Morillon) se ressemblent beaucoup et ils sont plus difficiles à départager pour le débutant. Avec de la pratique, on remarque la tête arrondie au reflet verdâtre du Fuligule milouinan tandis que le Petit Fuligule a la tête plus aplatie et d'un reflet violacé.

Enfin, le **Fuligule à collier (**Morillon à collier) porte une bande blanche à l'épaule, ce qui contraste vivement entre le noir de la poitrine et le gris des côtés. Son bec est bariolé de noir, de blanc et de bleu. La forme de la tête est allongée ce qui lui confère une allure distinctive.

Les canards de surface

Canard d'Amérique

L 35cm E 85cm

Canard pilet

L46cm E 87cm

Canard branchu

L 34cm E 70cm

Ce sont des canards barboteurs qui se nourrissent en surface et qui ont l'habitude de basculer le devant du corps sous l'eau pour se nourrir de plantes des secteurs peu profonds.

Le **Canard pilet** a une silhouette élancée très élégante; le grand cou brun est marqué d'une ligne blanche qui remonte jusque derrière l'œil; la queue est effilée, les plumes centrales étant très longues chez le mâle, d'où son nom anglais de «pintail».

Le **Canard d'Amérique** (Canard siffleur) est trapu et se distingue facilement par le dessus de la tête d'un blanc éclatant.

Quant au **Canard huppé,** il est certes le plus beau canard du continent. Sa tête est magnifiquement ornée d'une touffe de plumes qui forment la huppe rabattue sur la nuque. Les couleurs de l'oiseau sont chatoyantes : rouge, brun, vert, marron, violet, bleu, blanc et beige. Le dessin de la tête est caractéristique. En vol, il a un aspect distinctif avec sa grosse tête penchée vers le bas et la queue carrée qui lui donne une allure générale trapue.

Les Canards plongeurs

Harle couronné
L 33cm L 65cm

Petit garrot
L 25cm L 60cm

Le **Petit Garrot et le Harle couronné** (Bec-scie couronné) sont aussi deux canards brillamment colorés. Le premier a beaucoup de blanc, mais la tête sombre aux reflets rutilants est marquée d'une large tache immaculée. Le second a aussi une parure blanche bordée de noir sur la tête huppée mais le bec très mince est nettement différent : il est fortement dentelé ce qui lui valu autrefois le nom de «bec-scie». La poitrine est blanche, rayée de deux traits noirs à l'épaule.

Pour être en mesure d'observer tous ces oiseaux, il suffit de se rendre près du cours d'eau le plus rapproché de chez vous dès qu'il commence à être libéré des glaces. Lorsque la crue des eaux fait déborder le lit des rivières qui envahissent ainsi les champs avoisinants, on retrouve beaucoup de ces oies et canards sur les terres inondées. De même, la fonte des neiges crée à certains endroits des étangs artificiels sur lesquels viennent se reposer ces oiseaux aquatiques. Point n'est besoin de se rendre dans un parc ou sanctuaire spécialement aménagé : on a **tout ça près de chez soi.**

Les premières semaines d'avril nous amèneront :

le Plongeon Huard (Huart à collier)
le Grèbe esclavon (Grèbe cornu)
le Grèbe jougris
le Grèbe à bec bigarré
la Sarcelle à ailes vertes
la Sarcelle à ailes bleues
le Canard chipeau
le Canard souchet
la Macreuse à front blanc
la Macreuse brune (Macreuse à ailes blanches)
la Macreuse noire (Macreuse à bec jaune)

les goélands

Goéland argenté
L 50cm L 137cm

Goéland à bec cerclé
L 40cm L 123cm

Goéland à manteau noir
L 60cm L 163cm

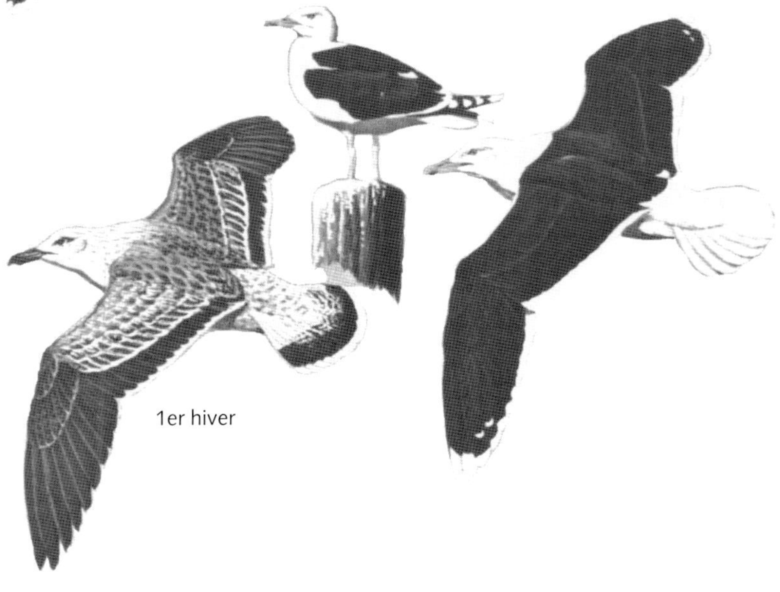

De leur côté, les goélands s'empressent de nettoyer les bancs de glace que le soleil n'aura pas encore fait fondre. On assiste alors à des rassemblements de ces éboueurs du grand large.

Le **Goéland marin** (Goéland à manteau noir) est le plus imposant de tous avec sa forte taille, son dos et ses ailes d'un noir éclatant qui contrastent vivement avec le blanc resplendissant de la tête.

Un peu plus petit, le **Goéland argenté** a le manteau gris taché de noir à l'extrémité de chaque aile.

Le **Goéland à bec cerclé** est encore plus petit mais d'une livrée semblable au Goéland argenté dont il se distingue par le bec cerclé de noir et des pattes jaunes au lieu de rosées.

Le Grand Héron

Grand héron
à l'envol

Le Grand Héron, majestueux en vol avec une envergure de 1,8 mètre est tout aussi impressionnant lorsqu'il est posé (1,2 mètre de hauteur). Juché sur des pattes qui lui servent d'échasses, il saisit vivement les poissons ou les petits animaux aquatiques en les embrochant de son long bec; puis, d'un brusque mouvement de la tête, il les avale tête première.

Le Martin-pêcheur

Le Martin-pêcheur a une silhouette distinctive : grosse tête échevelée et fort bec qui poignarde l'eau à chacune de ses plongées spectaculaires, plongées précédées d'un bref vol sur place, l'oiseau voltigeant au-dessus d'un point fixe, concentré sur la proie sur laquelle il se laisse tomber.

Chevalier grivelé (C. branlequeue)

En marchant sur les rives de cours d'eau, vous pourrez surprendre un Chevalier grivelé (Chevalier branlequeue). Dos brun, ventre blanc parsemé de points noirs, ce chevalier a l'amusante habitude de balancer le postérieur en se déplaçant ce qui lui donne l'air de danser sur un rythme de tam-tam. Cet oiseau est facile à identifier même en vol, ses battements d'ailes étant peu prononcés, un peu dans le style d'une Sturnelle des prés.

La Bécassine des marais

vol nuptial

La Bécassine des marais est un autre occupant des rivages mais c'est plutôt l'oiseau qui nous surprend cette fois : il a un départ brusque ponctué d'un bref cri nasillard qui fait sursauter car il ne s'envole que lorsqu'on s'en approche de très près. Sa silhouette est caractérisée par un très long bec; le vol zigzaguant est aussi distinctif.

LES FORÊTS

(DE FEUILLUS, DE CONIFÈRES OU MIXTES)

La forêt est certes l'habitat le plus difficile à explorer, souvent décevante à cause du champ de vision limité par les arbres et par le feuillage. Ses occupants sont souvent les moins bien connus étant généralement les moins bien observés. Deux espèces échappent de prime abord à cette règle, constituant un gibier recherché par beaucoup de chasseurs.

La Gélinotte huppée faussement appelée perdrix.

La Bécasse d'Amérique également mal identifiée comme étant la bécasse des bois.

Deux autres espèces ont l'habitude de se percher en des endroits dégagés : le **Cardinal à poitrine rose** et le **Tyran huppé.** Le Cardinal à poitrine rose mâle a les parties supérieures noires et inférieures blanches, mais la poitrine est brillamment colorée d'un triangle rosé. Le chant du cardinal ressemble à celui du merle et même les habitués s'y font prendre quelquefois. Le Tyran huppé est un oiseau au ventre jaune-soufre, à queue rousse, gorge etpoitrine grises. Le dessus de la tête et le dos sont brunâtres.

Le plus bel oiseau de ces lieux est le **Tangara écarlate,** oiseau rouge aux ailes et queue noires. Mais ayant l'habitude de se tenir très haut dans le feuillage des grands arbres, il reste quelque peu difficile à trouver malgré un tel habit d'apparat.

Un habitant du sous-bois touffu, le **Bruant à gorge blanche** sait demeurer à l'abri des regards indiscrets mais son chant en a tout de même fait un oiseau bien connu.

C'est le Frédéric qui répète inlassablement sa question : «Où es-tu, Frédéric, Frédéric, Frédéric ?»

De la taille du bruant, le **Junco ardoisé** est un oiseau gris au ventre blanc. En migration, on peut le voir en troupes parfois très nombreuses en bordure de la forêt où il ira ensuite dissimuler ses amours.

Les grives sont les musiciennes incontestées de la gent ailée. Leur chant est d'une qualité qui ravit même le profane. Certains experts prétendent que le plus beau de tous les chants d'oiseaux est celui de la **Grive solitaire.** Mais les chants de la **Grive des bois** et de la **Grive fauve** ne sont pas à dédaigner, loin de là. Le Merle d'Amérique que l'on désigne à tort comme une grive, a lui aussi un chant agréable, mais son plumage ne se compare en rien à celui des véritables grives sauf chez le jeune merle qui a la poitrine blanche tachetée de points noirs comme la Grive des bois et la Grive fauve. Cependant, chez ces grives les parties supérieures sont brunâtres, marquées de roux, soit sur la tête, soit sur la queue.

Enfin, **les parulines** sont de petits oiseaux très actifs. Au printemps, elles sont revêtues d'un plumage très coloré qui les rend relativement faciles à identifier, malgré le fait qu'on puisse en rencontrer plus de 25 espèces dans nos régions. Un coup d'œil attentif dans un bon livre d'identification vous en convaincra. Il y a, bien sûr, quelques exceptions ainsi que l'épineux problème des plumages d'automne. Mais ne «paniquez» surtout pas; **de la patience et du temps... voilà la recette.**

La forêt, c'est bien sûr le domaine **des pics, des geais, des mésanges** et des **sittelles lorsqu'ils** se livrent à leur activité de reproduction. Pour d'autres renseignements à leur sujet, reportez-vous à la section concernant les oiseaux à la mangeoire durant l'hiver.

Une bonne façon d'arriver à faire des observations dans un tel milieu, est de se munir d'une enregistreuse et d'une cassette de chants d'oiseaux. À l'écoute de leur chant, les différentes espèces s'approcheront et viendront même tout près, à découvert. Il faut cependant éviter de déranger trop fréquemment ces oiseaux; on ne doit donc pas abuser de cette tactique.

Cardinal à poitrinne rose

Gélinotte huppé

Tyran huppé

Bécasse d'Amérique

Paruline flamboyante

Les oiseaux de proie

Pygargue à tête blanche
L 81cm E203cm

Faucon pélerin
L 38cm E102cm

Buse à épaulettes rousses
L 41cm E102cm

C'est avec une certaine réticence que nous incluons quelques mots sur ces oiseaux que nous considérons pourtant comme étant les plus spectaculaires. En effet, une malheureuse mentalité persiste encore chez bien des gens à l'égard des rapaces. Ce seul mot d'ailleurs suffit souvent à soulever des tollés de protestations injustifiées. On commence à peine à comprendre le rôle déterminant que jouent les prédateurs dans le monde animal. Trop souvent, l'homme y a vu un rival encombrant, naturellement mieux adapté que lui pour un rôle qu'il voulait se réserver.

Pourtant, quoi de plus majestueux que le vol imposant d'un **aigle,** quoi de plus fulgurant que le vol super rapide du **faucon,** quoi de plus sublime que ces **buses** emportées, leurs ailes immobiles, par ces courants ascendants dans lesquels elles tourbillonnent ?

Et que dire de ces impressionnants seigneurs de la nuit que sont les **hiboux** ? Maîtres des ténèbres, ils soulèvent des réactions contradictoires : d'un côté, on personnifie le vieux sage par un hibou, de l'autre on lui prête des intentions maléfiques. La controverse persiste d'ailleurs encore chez la plupart des gens concernant l'utilité du hibou malgré des lois qui lui accordent en principe pleine protection.

Pour s'initier à ce monde fascinant des rapaces, je vous recommande le livre de Donald S. Heintzelman : «**Hawks and Owls of North America**», publié par Universe Book de New York en 1979.

En français : «**Rapaces diurnes et nocturnes**» est un Atlas illustré, de petit format, publié chez Grund, à Paris en 1977.

Si vous êtes intéressé par le comportement, «**A Natural History of Owl**» de Michael Everett aux éditions Hamlyn (1977) vous aidera dans votre étude, ainsi que celui écrit par Leslie Brown : «**Birds of Prey**» paru chez A. & W. Publishers Inc. de New York en 1976.

La Crécerelle d'Amérique

Le plus connu et le plus facile à observer de tous les rapaces, est la Crécerelle d'Amérique, le plus petit de nos faucons. Dans les champs, près des pâturages et terrains en culture, on est pratiquement assuré de trouver ce prédateur qui se nourrit surtout de petits rongeurs et de gros insectes. On reste étonné de voir avec quelle agilité la crécerelle réussit à se maintenir au-dessus d'un point fixe, la queue largement étalée, battant des ailes irrégulièrement afin de maintenir sa position. Très colorée, les plumes de la tête en particulier présentant plusieurs marques distinctes, la crécerelle est un des plus beaux oiseaux; on distingue le mâle de la femelle par la coloration des ailes : brunes chez le partenaire féminin, gris-bleu chez son compagnon. C'est la femelle qui choisit le site du nid et le mâle est aux petits soins pour sa compagne qu'il vient nourrir régulièrement, même avant que l'incubation soit en marche. Cette tâche est très accaparante puisque la femelle n'a qu'une couple d'heures de repos par jour. Une fois que les jeunes ont atteint une taille respectable, elle partagera avec le mâle la corvée du nourrissage, se réservant toutefois le meilleur territoire de chasse, ce qui se produit d'ailleurs sur les terrains d'hivernage. Les crécerelles hivernant chez nous sont en majorité des mâles.

La Petite Buse

La Petite Buse, un autre rapace abondant, vit aussi près de nous. Cependant, comme elle restreint la majeure partie de son activité à la forêt dense, elle est plus difficile à observer sauf lorsqu'elle plane au-dessus de la forêt ou encore lors des incroyables migrations où elles se regroupent par centaines.

On peut assister à de tels spectacles à l'automne à Sainte-Anne-de-Bellevue et à l'Île Perrot. On peut contempler le même phénomène au printemps, en s'installant au sud du pont Larocque à Valleyfield.

La Buse pattue

À partir de la mi-octobre, un oiseau de proie de taille imposante fait son apparition dans nos parages. La Buse pattue arrive de la toundra arctique et on peut l'observer dans les champs jusqu'à la fin d'avril. Habituellement, seuls quelques individus fréquentent la campagne à la recherche de rongeurs du genre souris, mulot ou campagnol. Certains hivers, comme en 1979-1980, on peut en observer jusqu'à une demi-douzaine dans le même secteur (abords de la Trans-canadienne à Vaudreuil). Mais exceptionnellement, comme ce fut le cas à l'automne 1980, une véritable invasion se produit; leur nourriture se faisant rare dans leur aire d'hivernage habituel, un exode impressionnant nous les amène dans le sud du Québec et de l'Ontario, jusqu'au sud des États-Unis.

Des recensements exceptionnels ont été faits à l'automne 1987 dans la région de Rigaud. Plus d'une soixantaine de ces buses s'y retrouvaient au milieu d'octobre et une vingtaine d'entre elles ont hiverné dans le secteur.

Le nombre le plus élevé précédemment obtenu (19), datait du dernier samedi d'octobre 1979. Quoi qu'il en soit, ces chiffres restent subjectifs : tout dépend du temps qu'on met à parcourir le territoire et l'étendue de celui-ci.

Cependant, le phénomène de 1980 est tellement inusité que beaucoup de gens m'ont contacté pour me faire part de leurs observations. Pour plusieurs, il s'agissait même de la première chance qu'ils avaient de voir un rapace. Il est vrai qu'avec une envergure moyenne de 1,35 mètre, la Buse pattue passe difficilement inaperçue. Perchée, on la remarque moins, sauf si on a l'œil exercé.

La silhouette est distinctive : corps trapu, ailes larges et arrondies, queue large et triangulaire en vol plané. La marque particulière qui permet de la distinguer de toutes les autres buses : une queue blanche terminée par une large bande noire. Une observation soignée permet de noter le détail du plumage : tête pâle au coloris doré, poitrine de même teinte, ventre de couleur sombre, ailes déployées de coloration blanche, bordées de noir et marquées d'une tache foncée au poignet. En phase extrême (mélanisme), l'oiseau paraît tout noir, sauf la queue et les rémiges marquées de blanc. Une multitude de plumages variés existent cependant; les livres d'identification ne les illustrent pas mais on nous met en garde dans le texte accompagnant le dessin.

Une de ses techniques de chasse, consiste à rester immobile au sommet d'un arbre dénudé, faisant le guet pendant de longues périodes; seule la tête bouge quelque peu et l'œil perçant de la buse a vite fait de percevoir tout mouvement à des centaines de mètres aux alentours. L'expression selon laquelle on traite quelqu'un de buse est associée à cette nonchalance apparente. La technique de chasse la plus spectaculaire consiste à survoler un espace découvert au-dessus duquel l'oiseau s'arrête soudain et d'un vol caractéristique, se maintient en un point fixe, scrutant le sol vers lequel il plonge tout à coup, pattes en avant : le rongeur ainsi frappé n'a jamais su et ne saura jamais ce qui lui est arrivé.

Le Harfang des neiges

Chez les chouettes, le Harfang des neiges est de loin le plus spectaculaire. D'une envergure atteignant jusqu'à 1,80 mètre, il est reconnaissable en vol. Cependant, cet oiseau d'une livrée blanc immaculé chez le mâle, passe facilement inaperçu lorsqu'il est posé sur un sol recouvert de neige. Perché dans un arbre, il faut quand même une bonne dose de patience pour le repéré.

Ce grand hibou blanc a des habitudes diurnes; de ce fait, il est plus vulnérable, beaucoup de braconniers en faisant leur victime. Malheureusement, plus d'un de ces magnifiques oiseaux finissent empaillés.

Il nous arrive des toundras arctiques d'où, à des intervalles de quatre à cinq ans, il fait irruption en nombre important, envahissant les régions du sud du Canada et du nord des États-Unis. Sa proie principale est le lemming arctique, petit mammifère dont le cycle de reproduction est marqué d'une grande abondance suivie d'une baisse importante de population. C'est lors de ces périodes de disette que le Harfang des neiges vient nous visiter, parcourant les grands champs et les vastes plaines lui rappelant sa toundra natale où il retourne dès le début du printemps.

QUELQUES ENDROITS À VISITER

Après avoir visité les différents habitats aux alentours de chez vous, et pour apporter un peu de variété à vos excursions ou encore pour changer de décor à l'occasion, vous pouvez vous rendre à certains endroits réputés pour leur abondance ou leur particularité. Voici, par exemple, des sites régulièrement fréquentés par les membres de plusieurs clubs :

Le Mont-Royal

Au cœur même de la ville, la montagne est un endroit exceptionnel. Le sommet de l'année ornithologique est le mois de mai. À cette époque, le cimetière sur la colline et le parc Summit de Westmount sont fréquemment parcourus par les ornithologues. Ce secteur regorge alors d'espèces de toutes sortes, particulièrement de parulines en plumage étincelant. En hiver, une bonne population d'oiseaux y élisent résidence et des excursions mensuelles ont lieu en ces endroits. Le Faisan de Colchide (Faisan à collier), espèce introduite, s'y rencontre souvent.

L'Île des Sœurs

Place très recherchée et visitée régulièrement en toutes saisons. Le boisé situé à l'extrémité de l'île abrite en tout temps de l'année des espèces souvent exceptionnelles. Les eaux du fleuve entourant les lieux, accueillent des groupes importants d'oiseaux aquatiques.

Côte Sainte-Catherine

Parc provincial situé le long de la voie maritime du Saint-Laurent. Ce site (appelé aussi l'Île aux Oiseaux), est surtout fréquenté en hiver et au printemps. Cet endroit est face à Ville Lasalle, sur la rive opposée. C'est un coin particulièrement intéressant pour observer les oiseaux qui passent l'hiver dans les eaux rapides du fleuve.

Beauharnois

Devant la centrale hydro-électrique, le parterre et les terrasses qui y ont été aménagées reçoivent la visite de plusieurs espèces d'oiseaux de rivage au printemps et à l'automne; mais le point culminant de l'année est le début de l'automne alors que des milliers de goélands et de mouettes s'y donnent rendez-vous.

Valleyfield

À la sortie sud du pont Larocque sur le boulevard du même nom, un chemin de service longe la voie maritime; en s'y installant au printemps, on peut assister au vol de migration des oiseaux de proie qui survolent l'emplacement en direction de leurs lieux de nidification; en avril 1980, en une seule journée, on a enregistré le passage de plus de 800 de ces rapaces dont la majorité était des Petites Buses. Digne de mention également, est le fait que plus d'une quinzaine d'aigles (Aigle royal et Pygargue à tête blanche) y ont été aperçus. Plusieurs espèces d'oiseaux aquatiques peuvent aussi y être notés.

Sainte-Anne-de-Bellevue

En bordure de l'autoroute transcanadienne, le parc de l'Arboretum Morgan est propice à l'observation en toutes saisons. Depuis quelques années, des mordus de l'observation des oiseaux de proie s'y installent à l'automne pour voir passer des centaines de ces impressionnants oiseaux. Tout près, l'Écomuseum présente aux visiteurs des aigles, éperviers, buses et faucon, ainsi que des hiboux et des chouettes.

Île Perrot

À l'extrémité du boulevard Don Quichotte, le parc provincial de Pointe-du-Moulin est un splendide endroit à visiter. Au printemps, les oiseaux aquatiques s'y rassemblent en grands nombres. Au milieu de septembre, non loin du club de golf, les collines avoisinantes présentent d'intéressants postes d'observation pour surveiller le passage d'oiseaux de proie. Lorsque les conditions climatiques sont appropriées, c'est par centaines qu'on peut les voir tournoyer au-dessus des champs.

Hudson/Rigaud

Hudson, c'est le paradis des oiseaux d'hiver car, pratiquement un résident sur trois installe des postes d'alimentation.

Rigaud présente une grande variété d'habitats, allant de la montagne et sa forêt (ce qui en reste du moins) jusqu'aux rives de la rivière des Outaouais et du lac des Deux-Montagnes; en 20 années d'observation dans ce secteur privilégié, j'ai pu recenser 247 espèces d'oiseaux différents.

Mentionnons brièvement quelques autres lieux intéressants dans la région de Montréal :

l'Île Sainte-Hélène
le Parc Angrignon
les bois de Saraguay
le Parc Dollard-des-Ormeaux

Cette liste n'a évidemment pas la prétention d'être complète, puisque chaque région présente ses propres richesses écologiques. Ce n'est qu'à titre de suggestions que ces endroits sont mentionnés, sans vouloir y associer un jugement de valeur par rapport à l'ensemble de tous les autres sites fréquentés par les ornithologues.

Lorsqu'on s'éloigne de la région métropolitaine, on peut trouver des endroits tout aussi attrayants. D'ailleurs, pour la région de Québec en particulier, je vous recommande l'excellent travail de Louis Fortin, Jean-Pierre Savard et Clément Aubert : **Étude des populations d'oiseaux de la région de Québec**. Vous pouvez obtenir copie de cet ouvrage en écrivant au Club des Ornithologues du Québec dont il est question à la fin de la première partie.

Notons entre autres, les endroits suivants :

St-Augustin
Maizerets
Cap Tourmente
Berthier
Montmagny

Le cas du **Cap Tourmente** est quelque peu spécial. Ancienne réserve nationale sise près de St-Joachim, passé Sainte-Anne-de Beaupré, c'est un lieu unique au Québec en ce sens qu'il s'y rassemble des milliers d'Oies des neiges lors des migrations du printemps et de l'automne.

En sérieux danger de disparition au début du siècle, l'Oie des neiges a vu ses effectifs portés d'environ 2 000 individus à plus de 400 000, grâce à un programme de conservation axé sur ce secteur. Dans les limites de la réserve, une chasse étroitement surveillée assure un bon contrôle de la population des oies.

C'est un spectacle inoubliable que de voir les «battures» du fleuve recouvertes de ces oiseaux qui tapissent les berges. L'envol des milliers d'entre eux produit un grondement semblable à la clameur d'une foule survoltée. En plus de ce phénomène extraordinaire (j'ai pu voir près de 120 000 de ces oiseaux à la fois), le Cap Tourmente présente une variété de sentiers propices à l'observation d'un grand nombre d'autres espèces.

Hors des zones couvrant les grands centres urbains, il y a **Percé** et surtout l'**Île Bonaventure**, choisie d'ailleurs par le célèbre ornithologue, Roger T. Peterson, comme l'un des dix meilleurs sites en Amérique du Nord pour l'observation des oiseaux aquatiques. Le rocher accueille une colonie impressionnante de Fous de Bassan; on y remarque aussi diverses espèces reliées au milieu marin. Une visite en Gaspésie se doit d'y inclure une halte; le souvenir qu'on en rapporte est féérique.

On pourrait ainsi élaborer au sujet d'une multitude d'autres municipalités. Je termine ici en énumérant les places suivantes :

Hull
Mont-Tremblant
Île du Moine
Saint-Bruno
Granby
Sherbrooke
Philipsburg
Grandes-Bergeronnes
Île aux Basques
Parc des Laurentides
Parc de Rimouski
Parc Forillon
Parc de la Gatineau
Alma
Chicoutimi
Jonquière
Saint-Fulgence

Un dernier point à souligner : les traversées dans le golfe. On peut alors observer des oiseaux pélagiques s'aventurant dans l'estuaire du Saint-Laurent.

GALERIE D'OISEAUX

Les oiseaux...

© Pierre Brasseur

Pic maculé

Paruline jaune

© Michel Julien

...et les abords des boisés

© Pierre Brasseur

Tyran huppé

Oriole du Nord

© Michel Julien

Les oiseaux...

© Diane Labonté

Troglodyte mignon

Cardinal à poitrine rose

© Diane Labonté

...et les forêts

Grand pic

Grive à dos olive

Les oiseaux...

© Pierre Brasseur

Hirondelle noire

Jaseur d'Amérique

© Pierre Brasseur

...et nos alentours

© Pierre Brasseur

Colibri à gorge rubis

Merlebleu de l'Est

© Diane Labonté

Les oiseaux et les champs

© Pierre Brasseur

Maubèche des champs

Goglu des prés

© Pierre Brasseur

Troisième partie

Des oiseaux...
...en tout temps

Vraiment, l'observation des oiseaux offre aux plus mordus comme au simple amateur, une panoplie de possibilités qui, somme toute, font de ce passe-temps une occupation intarissable.

Une fois familiarisé avec les différentes techniques d'observation et d'identification, on peut approfondir un aspect particulier ou encore chercher à étendre le champ de ses connaissances. À titre d'exemples, voici une série de **sujets à explorer :**

— étude de l'activité journalière des oiseaux;
— étude d'espèces nocturnes (hiboux, entre autres);
— inventaire d'un habitat;
— inventaire selon les saisons dans différents habitats;
— installation de postes d'alimentation durant l'hiver;
— calendrier des migrations :
— installation de nichoirs et surveillance des occupants;
— étude des nids de différentes espèces d'oiseaux;
— étude du comportement d'une espèce pendant la nidification;
— étude des chants d'oiseaux et de leur signification.

D'autres activités peuvent venir se greffer à l'observation sur le terrain :

— étude de l'anatomie de l'oiseau et travail en laboratoire;
— recherche de documentation reliée à une espèce en particulier;
— lecture de livres spécialisés;
— abonnement à certaines revues;
— participation à des rencontres, réunions, conférences et présentations diverses faites par des clubs d'ornithologie; etc.

À TOUTE HEURE

Du jour...

Il est possible de faire de l'observation à toute heure de la journée. Il existe évidemment des **périodes plus propices à l'activité des oiseaux.** Certaines études ont révélé que c'est au cours des premières heures suivant le lever du soleil qu'elle est la plus intense; après un calme relatif marquant le milieu du jour, on en note une certaine recrudescence dans les dernières heures précédant le coucher du soleil.

Vous pouvez établir vous-même un tableau d'activité en choisissant un habitat que vous visiterez à différentes heures. Un relevé s'échelonnant sur les 24 heures d'une même journée est une tâche épuisante, aussi est-il préférable de choisir une période répartie sur plusieurs jours en planifiant les visites de sorte que vous puissiez couvrir la journée complète. Mais là encore, il y a toujours moyen d'éliminer les périodes d'obscurité si cela présente de trop grandes difficultés, surtout si vous ne pouvez identifier les oiseaux à leurs chants, l'observation visuelle étant forcément réduite au minimum.

Voici un exemple de relevé fait dans un parc situé en bordure d'une forêt. Pendant deux semaines, à des heures différentes, j'ai parcouru les sentiers en suivant sensiblement le même trajet pour une période de 20 à 30 minutes; je faisais une visite le matin, une l'après-midi et une autre en soirée, variant les heures d'excursions à chaque fois, de sorte que le résultat final couvre un laps de temps s'échelonnant de huit heures (8h) à vingt heures (20h). Les premières heures de l'aube ne sont cependant pas incluses dans cette compilation, bien que l'on ait mentionné qu'il s'agit des heures les plus actives.

J'ai préféré procéder différemment pour cette partie de la journée, en m'installant confortablement aux abords du parc pour écouter les chants d'oiseaux de quatre heures (4h) jusqu'à huit heures (8h) (voir p. 208). Les résultats présentés ici n'ont pas la prétention d'être exhaustifs mais se veulent plutôt une suggestion concernant la façon de procéder.

Parc municipal de Rigaud : du 1er au 14 août 1979.

Heures d'observation	Nombre d'espèces observées
entre 10 et 11 h	19
entre 11 et 12 h	25
entre 12 et 13 h	16
entre 13 et 14 h	16
entre 14 et 15 h	18
entre 15 et 16 h	7
entre 16 et 17 h	7
entre 17 et 18 h	9
entre 18 et 19 h	17
entre 19 et 20 h	12

Total d'espèces observées durant cette période : 46 espèces.

On voit donc d'après ce tableau, que pour les deux premières semaines du mois d'août, les meilleures heures d'observation sont celles du début de la journée, une certaine accalmie se présentant en fin d'après-midi, suivie d'une certaine animation en fin de journée. Il ne faut pas généraliser à partir d'une seule série de données, ce qui pourrait amener des interprétations erronées, mais une simple expérience de ce genre donne tout de même une bonne idée des heures les plus intéressantes lorsqu'on planifie ses sorties. Pour avoir une idée plus précise de l'activité journalière des oiseaux, il faudrait refaire ces observations à plusieurs reprises en tenant compte de divers facteurs comme la température, les conditions climatiques et la période de l'année où de tels relevés sont effectués. Quoi qu'il en soit, il y a toujours place pour plus de précision et pour de l'amélioration, l'initiative personnelle pouvant s'avérer très profitable dans bien des cas.

... ET DE LA NUIT

On peut compléter les observations précédentes faites durant le jour par une étude similaire de nuit. Cette fois il s'agit de noter les espèces d'après leurs cris ou leurs chants, l'observation visuelle n'étant qu'occasionnelle.

Pour certains, **l'étude des hiboux** présente un défi particulier. Munis d'une enregistreuse à cassettes, ils s'installent dans l'habitat approprié et font jouer le chant du rapace nocturne. Bien souvent, l'occupant des lieux répond et s'approche même à une distance qui permet de l'observer clairement. . . à la lumière d'une lampe de poche. Le meilleur temps de l'année pour s'adonner à ce «sport», c'est la période des «fréquentations» qui précède la saison de nidification. Les hiboux nichent très tôt, dès la fin de février et le début de mars. Le temps froid à cette époque présente un obstacle souvent rebutant. Mais avec de la détermination et de la patience, on y arrive tout de même; question de goût et de motivation.

Les hiboux sont les seigneurs de la nuit. L'obscurité est leur royaume. Pour des êtres comme nous, peu habitués aux ténèbres, on comprend que le comportement de ces oiseaux soit empreint de mystère. Ces cris retentissants et lugubres, entendus en pleine nuit, peuvent nous glacer le sang; mais ce sont les ténèbres plutôt que le hululement de cet oiseau qui créent chez nous ce climat d'insécurité.

Des superstitions persistantes ont fait du hibou un oiseau de mauvais augure que beaucoup de gens se plaisent à persécuter. Les racontars sont la plupart du temps des prétextes que se donnent des chasseurs malhonnêtes pour abattre ces magnifiques oiseaux. Toutefois, il est vrai que ce voisin est peu sociable et qu'ilpeut même à l'occasion se montrer très agressif; mais dites vous bien qu'alors, vous êtes sans doute à proximité de son nid et que ses agissements n'ont qu'un but : sauver sa progéniture. Ni hypocrite, ni lâche, les attaques du hibou sont brutales mais directes. Roi incontesté de son domaine, on ne lui connaît pour ainsi dire aucun rival capable de lui tenir tête.

Saviez-vous que la mauvaise réputation des hiboux remonte au début de la colonie ? En effet, **Claude**

Melançon, dans «**Charmants voisins**», nous dit que «les Iroquois ayant l'habitude de se rallier en imitant le cri du hibou, les premiers colons... eurent vite fait d'associer l'oiseau à leurs cruels ennemis et de les confondre dans leur rancune».

Il mentionne également que le hibou, solitaire et farouche, poussé par la faim, peut à l'occasion s'approcher de la ferme pour y voler un oiseau de basse-cour, mais ses goûts et son tempérament le retiennent normalement «dans la grande forêt qui abrite ses amours fidèles, sa contemplation de la lune et ses chasses impitoyables.»

On a calculé que, pour la période de reproduction et de nidification, période s'étendant approximativement d'avril à juillet pour le Hibou des marais, un couple élevant une famille de quatre à cinq jeunes, dévorait près de 45 kg de viande fraîche, soit quelque 1 500 petits mammifères. Si on considère que la souris des bois a, en une seule année, une postérité de près d'un million d'individus, il est à se demander ce qui se produirait si les hiboux ne s'en nourrissaient. On ne saurait donc sous-estimer la grande valeur des hiboux, tant ils contribuent à refréner les populations de rongeurs.

Il est cependant difficile d'apercevoir un de ces majestueux oiseaux; son ouie est si fine qu'elle perçoit le cri d'une souris à des centaines de mètres, et sa vue est jusqu'à 100 fois supérieure à la nôtre. La plupart des espèces de hiboux chassent la nuit, mais quelques-uns, comme le Hibou des marais et le Harfang des neiges, chassent de jour ou au crépuscule. Les hiboux ont même une excellente vue durant le jour, contrairement à ce qu'en pensent la majorité des gens.

EN TOUTE SAISON

Une occupation qui captive beaucoup d'observateurs d'oiseaux consiste à dresser une **liste des espèces** rencontrées. On peut faire une liste globale, totalisant tout ce qu'on a vu, une liste annuelle, une liste saisonnière, une liste mensuelle et même des listes quotidiennes. On peut aussi dresser un inventaire des espèces fréquentant une région précise ou un habitat particulier au gré des saisons. Ici encore, beaucoup de possibilités, et de la place pour les initiatives et les goûts personnels. Ainsi, par exemple, voici la liste que j'ai dressée à la suite de ma première année d'activité.

Quatre saisons à Rigaud

Rigaud, comté de Vaudreuil, est situé à 70 km à l'ouest de Montréal, sur la route joignant Montréal à Ottawa.

Le région de Rigaud comprend la ville et la campagne avoisinante. Ce territoire est borné au nord-ouest par la région de Pointe-Fortune, à l'ouest par la frontière ontarienne, au sud-ouest par la région de Saint-Rédempteur, au sud par la région de Sainte-Marthe, au sud-est par la région de Saint-Lazare, à l'est par la région de Hudson, et au nord par la rivière des Outaouais (comprenant une partie du lac des Deux-Montagnes).

On rencontre plusieurs types d'habitats à l'intérieur du territoire de Rigaud (boisé aux deux tiers) :

la ville, accrochée aux flancs de la montagne, compte près de 800 habitations où vivent environ 2 500 personnes; d'une superficie de quelque 5 km carrés, elle est traversée par la rivière Rigaud (dite, rivière à la «graisse»); cette rivière voit son cours ralenti par un barrage à l'entrée ouest de la ville;

la campagne, d'une superficie de près de 60 km carrés, est dominée par la montagne de Rigaud (mont Oscar) d'une élévation maximale de 230 mètres; ce secteur est fortement boisé et constitue principalement une forêt mixte, mais certaines parties sont occupées par des érablières, ou des massifs de conifères ou de feuillus; la campagne proprement dite est composée de champs, pâturages, terrains en culture, champs humides, marécages, champs abandonnés en bordure de la forêt, le tout sillonné par des ruisseaux.

L'énumération taxonomique suivante correspond aux **175 espèces** d'oiseaux observées à Rigaud, **du 1er décembre 1973 au 30 novembre 1974,**

Les symboles suivants sont utilisés pour représenter les saisons :

H (Hiver) : Décembre - Janvier - Février (27 espèces)
P (Printemps) : Mars - Avril - Mai (139 espèces)
E (Été) : Juin - Juillet - Août (113 espèces)
A (Automne) : Septembre - Octobre - Novembre (135 espèces)

Plongeon huard (Huart à collier)	(- - - A)
Grèbe à bec bigarré	(- P - -)
Grèbe esclavon (Grèbe cornu)	(- P - -)
Grèbe jougris	(- - - A)
Butor d'Amérique	(- P E A)
Grand Héron	(- P E A)
Héron vert	(- P E A)
Bihoreau à couronne noire	(- P E A)
Bernache du Canada	(- P - A)
Canard branchu	(- P E A)
Sarcelle à ailes vertes	(- P E A)
Canard noir	(- P E A)
Canard colvert	(- P E A)

Canard pilet	(- P E A)
Sarcelle à ailes bleues	(- P E A)
Canard chipeau	(- - - A)
Canard d'Amérique (Canard siffleur d'Amérique)	(- P- -)
Fuligule à dos blanc (Morillon à dos blanc)	(- - - A)
Fuligule à collier (Morillon à collier)	(- P- A)
Fuligule milouinan (Grand Morillon)	(- P- A)
Petit Fuligule (Petit Morillon)	(- P- A)
Harelde kakawi (Canard kakawi)	(- - - A)
Macreuse noire (M. à bec jaune)	(- - - A)
Macreuse brune (Macreuse à ailes blanches)	(- - - A)
Garrot à œil d'or	(- - - A)
Petit Garrot	(- P- A)
Harle couronné (Bec-scie couronné)	(- P - A)
Grand harle (Grand Bec-scie)	(- - - A)
Harle huppé (Bec-scie à poitrine rousse)	(- - - A)
Érismature rousse (Canard roux)	(- - - A)
Balbuzard pêcheur (Balbuzard)	(- P- A)
Busard Saint-Martin	(- P E A)
Autour des palombes	(H P - -)
Buse à épaulettes	(- P E -)
Petite Buse	(- P E -)
Buse à queue rousse	(- P - -)
Buse pattue	(H P - A)
Crécerelle d'Amérique	(H P E A)
Perdrix grise	(- - - A)
Gélinotte huppée	(H P - A)
Râle de Virginie	(- - E A)
Gallinule Poule-d'eau (Poule-d'eau)	(- P - -)
Pluvier argenté	(- - - A)
Pluvier bronzé (P. doré d'Amérique)	(- - - A)
Pluvier semipalmé	(- - E A)
Pluvier kildir	(- P E A)
Grand Chevalier	(- P- A)
Petit Chevalier	(- P E A)
Chevalier solitaire	(- P E -)
Chevalier Grivelé (C. branlequeue)	(- P E A)
Maubèche des champs	(- P E A)
Bécasseau sanderling	(- - E A)
Bécasseau semipalmé	(- - E A)
Bécasseau minuscule	(- P E A)
Bécasseau à croupion blanc	(- - - A)
Bécasseau de Baird	(- - - A)
Bécasseau à poitrine cendrée	(- - E A)
Bécasseau variable	(- P - A)
Bécassin roux (Bécasseau roux)	(- P - -)
Bécasseau du Nord-Ouest	(- - - A)
Bécassine des marais	(- P E A)
Bécasse d'Amérique	(- P E A)
Phalarope à bec étroit (Phalarope hyperboréen)	(- P- -)
Goéland à bec cerclé	(H P E A)
Goéland argenté	(H - E A)
Sterne pierregarin	(- P E A)
Guifette noire	(- P E -)
Pigeon biset	(H P E A)
Tourterelle triste	(- P E A)
Engoulevent d'Amérique	(- - E -)
Martinet ramoneur	(- P E A)
Colibri à gorge rubis	(- P E A)
Martin-pêcheur d'Amérique	(- P E A)
Pic maculé	(- P E A)
Pic mineur	(H PE A)
Pic chevelu	(H P E A)
Pic tridactyle	(- - - A)
Pic flamboyant	(- P E A)
Moucherolle à côté olive	(- P- -)
Pioui de l'Est	(- - E A)
Moucherolle à ventre jaune	(- - E -)
Moucherolle tchébec	(- P E -)
Moucherolle phébi	(- P E A)
Tyran huppé	(- - E-)
Tyran tritri	(- P E A)

Alouette hausse-col (A. cornue)	(- P - A)
Hirondelle noire	(- P E A)
Hirondelle bicolore	(- P E-)
Hirondelle à ailes hérissées	(- P E -)
Hirondelle de rivage	(- P E-)
Hirondelle à front blanc	(- P E-)
Hirondelle rustique (Hirondelle des granges)	(- P E A)
Geai bleu	(H P E A)
Corneille d'Amérique	(H P E A)
Mésange à tête noire	(H P E A)
Sittelle à poitrine rousse	(H P E A)
Sittelle à poitrine blanche	(H P E A)
Grimpereau brun	(H P E A)
Troglodyte familier	(- P E -)
Troglodyte mignon (Troglodyte des forêts)	(- P E A)
Troglodyte des marais	(- P E -)
Roitelet à couronne dorée	(- P E A)
Roitelet à couronne rubis	(- P E A)
Merlebleu de l'Est	(- P E -)
Grive fauve	(- P E -)
Grive à dos olive	(- P - -)
Grive solitaire	(- P - A)
Grive des bois	(- P E A)
Merle d'Amérique	(- P E A)
Moqueur chat	(- P E A)
Moqueur roux	(- P E -)
Pipit d'Amérique	(- - - A)
Jaseur d'Amérique (J. des cèdres)	(- - E A)
Pie-grièche grise	(H P - A)
Pie-grièche migratrice	(- P - -)
Étourneau sansonnet	(H P E A)
Viréo à tête bleue	(- - - A)
Viréo à gorge jaune	(- P - -)
Viréo mélodieux	(- P - -)
Viréo de Philadelphie	(- - E-)
Viréo aux yeux rouge	(- P E A)
Paruline obscure	(- P E A)
Paruline à joues grises	(- P E A)
Paruline à collier	(- P - -)
Paruline à flancs marron	(- P E A)
Paruline à tête cendrée	(- P E A)
Paruline tigrée	(- P E A)
Paruline bleue (Paruline bleue à gorge noire)	(- P E A)
Paruline à croupion jaune	(- P E A)
Paruline à gorge noire (Paruline verte à gorge noire)	(- P - A)
Paruline à gorge orangée	(- P - A)
Paruline des pins	(- P - -)
Paruline à poitrine baie	(- P E A)
Paruline rayée	(- - E -)
Paruline noir et blanc	(- P E A)
Paruline flamboyante	(- P E A)
Paruline couronnée	(- P E A)
Paruline des ruisseaux	(- - E A)
Paruline triste	(- - E -)
Paruline masquée	(- P E A)
Paruline à calotte noire	(- P E A)
Paruline du Canada	(- P E A)
Tangara écarlate	(- P E -)
Cardinal rouge	(H P - -)
Cardinal à poitrine rose	(- P E A)
Passerin indigo	(- P E A)
Tohi à flancs roux	(- P E -)
Bruant hudsonien	(H P - A)
Bruant familier	(- P E A)
Bruant des plaines	(- P - -)
Bruant des champs	(- P E A)
Bruant vespéral	(- P E A)
Bruant des prés	(- P E A)
Bruant fauve	(- P - A)
Bruant chanteur	(- P E A)
Bruant des marais	(- P - A)

Bruant à gorge blanche	(- P E A)
Bruant à couronne blanche	(- P - A)
Junco ardoisé	(H P E A)
Bruant des neiges	(H P - A)
Goglu des prés (Goglu)	(- P E A)
Carouge à épaulettes	(- P E A)
Sturnelle des prés	(- P E A)
Quiscale rouilleux	(- P - A)
Quiscale bronzé	(- P E A)
Vacher à tete brune	(- P E A)
Oriole du Nord	(- P E A)
Durbec des pins	(H - - A)
Roselin pourpré	(H P E A)
Sizerin à tête rouge	(H P - A)
Tarin des pins (Chardonneret des pins)	(- P - A)
Chardonneret jaune	(H P E A)
Gros-bec errant	(H P E A)
Moineau domestique	(H P E A)

Vous pouvez en faire autant et même mieux en organisant soigneusement vos excursions selon les saisons et selon les habitats. Pour y arriver, vous n'avez qu'à délimiter un territoire précis; par exemple, tout ce qui géographiquement représente votre village, ville ou paroisse. À l'intérieur de ce territoire, localisez les différents habitats que vous aurez à parcourir régulièrement.

L'hiver est une bonne saison pour commencer une telle entreprise bien qu'il soit évidemment possible de débuter en tout temps. Mais en hiver, le nombre d'espèces étant plus restreint, vous avez plus de temps pour parcourir votre territoire et situer les différents endroits présentant un intérêt particulier. En procédant systématiquement, semaine après semaine, mois après mois, vous établirez une liste imposante d'observations que vous pouvez compiler dans des calepins de notes, transcrire dans des cahiers, ou encore codifier en un système de fiches. Après avoir complété un premier cycle de douze mois, vous pouvez poursuivre en vous concentrant sur les espèces qui vous ont échappé auparavant; mais même au cours d'une recherche très poussée, il y a toujours la possibilité de rencontrer une espèce nouvelle, de faire **une rencontre inusitée.** C'est ainsi que j'ai eu le rare privilège de découvrir une espèce qui jamais auparavant n'avait été observée au Québec : **la Grive litorne.**

Alors que je faisais une visite régulière à un poste d'alimentation situé à environ trois kilomètres de ma résidence, je notai la présence d'un oiseau bizarre. Ayant toujours sur moi mon livre d'identification, je fus réellement embarrassé, ne pouvant retrouver une illustration correspondant à l'oiseau. Je notai alors tous les détails que je pouvais observer, essayant de saisir toutes les caractéristiques de ce mystérieux oiseau.

De retour chez moi, j'entrepris de chercher dans des volumes spécialisés, une description qui pourrait me mettre sur la bonne piste. Je ne consultai cependant que des volumes se rapportant aux oiseaux de l'Amérique du Nord, l'éventualité d'une espèce étrangère ne m'ayant même pas effleuré l'esprit. Après de vaines recherches, je décidai de retourner sur les lieux pour bien m'assurer que je n'avais pas commis d'erreurs.

L'oiseau était bel et bien au même endroit, près de deux petits pommiers dans lesquels on avait laissé pourrir les fruits qui faisaient ployer les branches.

Dérouté et tout à fait intrigué par cette énigme que je n'arrivais pas à résoudre, je contactai madame J.W. Wright qui demeure à Hudson et avec qui je participais régulièrement à des excursions du club d'ornithologie de Montréal (PQSPB). Elle prit en note ma description et promit de me rappeler. Moins d'une demi-heure plus tard, elle me téléphona pour me dire de prendre un livre d'identification sur les oiseaux d'Europe et de vérifier si le dessin de la Grive litorne ne correspondrait pas à ce que j'avais vu. Stupéfait, je reconnus mon oiseau-problème.

Mais était-ce possible, puisque jamais une telle observation n'avait été faite au Québec ?

Afin d'en être bien sûr, je fixai rendez-vous à Madame Wright à l'endroit convenu pour 9h le lendemain matin. Quel ne fut mon étonnement en arrivant vers 8h30 de réaliser que plus d'une trentaine de personnes arpentaient déjà les alentours à la recherche de mon oiseau. Entre temps, un autre membre du club avait contacté Madame Wright, et la nouvelle s'était répandue comme une traînée de poudre.

Ce 4 janvier 1976, la **Grive litorne** était officiellement enregistrée comme une nouvelle espèce pour le Québec, car l'oiseau était demeuré sur place jusqu'à la fin de mars. C'était la première fois qu'on pouvait observer cette espèce plus d'une journée au même endroit et ce, sur tout le continent nord-américain.

La nouvelle fit littéralement le tour des provinces et états avoisinants; plus de trois cents personnes se déplacèrent cet hiver-là pour venir voir cet oiseau rare. Les gens venaient même de très loin; la propriétaire des lieux ayant eu la bonne idée de placer un cahier dans lequel les visiteurs inscrivaient leur nom et leur adresse, une compilation finale donna un total de douze états américains et plus de 25 villes de l'Ontario; le record de distance appartenant à un couple venu de la Floride.

Observée la dernière fois le 27 mars 1976, la Grive litorne n'a pas été revue par la suite.

Par contre, dans tous les guides d'identification des oiseaux de l'Amérique du Nord, on trouve désormais la mention et l'illustration de la Grive litorne.

Bien sûr, on ne peut vous garantir une telle trouvaille, mais c'est en multipliant les randonnées que vous augmenterez vos chances d'arriver un jour à vivre un tel événement. Même si l'occasion ne se présente jamais, c'est en continuant vos explorations que vous pourrez tracer un portrait très intéressant de la vie ornithologique de votre coin de pays. À mesure que se modifiera votre environnement, vous verrez également changer les populations d'oiseaux qui fréquentent vos alentours.

Les mangeoires d'oiseaux

En installant un poste d'alimentation près de votre demeure vous verrez s'animer les alentours. Du mouvement, vous en aurez sûrement. Les plumages de couleurs éclatantes ajouteront une note de gaieté aux cris et aux chants variés. Le présent texte vous indique **comment procéder** si vous désirez attirer les oiseaux.

Quand s'installer ?

Le meilleur temps pour commencer l'installation est le début d'octobre. Une fois que l'on a commencé, il faut cependant être certain de ne pas s'arrêter avant la mi-avril, sinon les oiseaux risquent de mourir de faim si on les oublie plus d'une journée. En effet, ils deviennent extrêmement dépendants de cette source de survie et, en les négligeant le moindrement, on les place en sérieuses difficultés.

Où s'installer ?

Le montage le plus simple consiste à fixer une planche d'environ 30 cm x 45 cm à une hauteur de 1 m à 2 m sur un poteau de 5 cm x 10 cm solidement ancré dans le sol. Placé dans un espace dégagé et bien en vue, le plateau devrait se trouver entre 3 et 7 mètres d'un arbre, arbuste ou haie et, si possible, à l'abri des vents dominants. Une bordure de 5 à 8 cm tout autour de la planche est facultative, mais elle empêche le contenu d'être balayé par une rafale. Une dizaine de trous percés dans la planche permettent un égouttement satisfaisant.

Encore plus simple, le sol lui-même est un endroit très apprécié par les oiseaux pour se nourrir. Il existe une foule de raffinements à ces deux possibilités de départ. Mais pour attirer les oiseaux lorsqu'on débute, rien de mieux que la mangeoire à ciel ouvert.

Quoi installer ?

La nourriture à offrir est très variée : pain, grains mélangés, beurre d'arachides, noix écrasées, graines de tournesol, etc. L'avantage d'utiliser du pain est qu'il attire beaucoup l'attention lorsque répandu en miettes au sol. On peut aussi se procurer 20 kg de grains mélangés à du maïs broyé, soit à un moulin, soit à la coopérative la plus proche. Les graines de tournesol se vendent beaucoup plus cher mais elles constituent le mets de prédilection des oiseaux granivores. Vous pouvez ajouter à cela les restes de table dont plusieurs oiseaux sont friands. Un élément indispensable est le suif, gras de viande ou graisse animale. C'est l'aliment le plus riche en calories, donc le plus approprié en saison froide. Il n'y a qu'à en suspendre un morceau dans un support ou simplement en fixer à l'écorce d'un arbre.

Pour connaître les résultats obtenus, référez-vous à la section traitant des oiseaux autour des habitations durant l'hiver.

L'HIVER AUX ALENTOURS

Depuis le début du siècle, un recensement des oiseaux d'hiver (Christmas' Bird Count) est réalisé à travers tout le continent nord-américain.

Dans les environs de chez moi, notamment, ce recensement se tient à l'intérieur d'une région comprise dans un rayon de 12 km, centrée sur Saint-Lazare. Le territoire couvert comprend : Dorion, Vaudreuil, Hudson, Rigaud, Saint-Lazare, Sainte-Marthe, Saint-Clet, Les Cèdres et Pointe-des-Cascades.

Chaque année, dans les dernières semaines de décembre, une joumée est désignée pour faire un relevé aussi complet que possible de la population d'oiseaux qui passent l'hiver parmi nous. À partir du lever du jour jusqu'au coucher du soleil, des groupes parcourent le territoire désigné, en notant systématiquement leurs observations. Lors du recensement du 27 décembre 1987, 62 personnes, réparties en 18, groupes ont ratissé la région, dénombrant un total de 10 388 oiseaux appartenant à 59 espèces différentes.

Cependant, plusieurs espèces notées certaines années ne sont pas revues en d'autres occasions; mais en compilant les **données** recueillies au cours **des 20 premières années,** on obtient le total remarquable de 83 espèces.

Seulement douze espèces ont été signalées à chaque année. Ce sont : le Pigeon biset, le Pic chevelu, le Pic mineur, le Geai bleu, la Mésange à tête noire, la Sittelle à poitrine blanche, la Sittelle à poitrine rousse, l'Étourneau sansonnet, le Moineau domestique, le Gros-bec errant, le Junco ardoisé et le Bruant hudsonien.

Parmi les espèces qu'on retrouve presque chaque

année, notons : la Gélinotte huppée et le Bruant des neiges, 19 fois sur 20; le Canard noir, le Grand Pic, le Merle d'Amérique, le Sizerin à tête rouge et le Chardonneret jaune, 18 fois sur 20 : le Garrot commun, le Grand harle (Grand Bec-scie) et le Grimpereau brun

L'hiver en détail :

En moyenne, on peut observer durant les mois d'hiver :

— en décembre, 30 espèces;
— en janvier, 20 espèces;
— en février, 20 espèces.

Mais en accumulant les observations de façon continue, on obtient des résultats surprenants lorsqu'on établit une **liste cumulative.** Ainsi, de décembre 1973 à février 1980, dans les secteurs que je parcours régulièrement, je totalise :

— pour décembre : 65 espèces;
— pour janvier : 43 espèces;
— pour février : 41 espèces.

Le tableau ci-après illustre l'énumération complète, ainsi que l'année correspondant à la première observation pour chacune des espèces mentionnées.

MOIS : DÉCEMBRE	**(1973-1979 : 65 espèces)**
Année de la première observation	Espèces
1975	Grèbe esclavon (Grèbe cornu)
1979	Bernache du Canada
1975	Canard noir
1975	Canard pilet
1976	Fuligule à dos blanc (Morillon à dos blanc)
1975	Fuligule milouinan (Grand Morillon)
1974	Garrot commun
1976	Petit Garrot
1975	Harelde kakawi (Canard kakawi)
1979	Harle couronné (Bec-scie couronné)
1975	Grand harle (Grand Bec-scie)
1975	Autour des palombes
1975	Buse à queue rousse
1975	Buse pattue
1974	Crécerelle d'Amérique
1973	Gélinotte huppée
1976	Perdrix grise
1976	Tournepierre à collier
1973	Goéland argenté
1973	Goéland à bec cerclé
1973	Pigeon biset
1975	Tourterelle triste
1977	Petit-Duc maculé
1975	Harfang des neiges
1976	Hlbou moyen-duc
1977	Hibou des marais
1979	Petite Nyctale
1975	Martin-pêcheur d'Amérique
1974	Grand Pic
1978	Pic à tête rouge
1973	Pic chevelu
1973	Pic mineur
1975	Plc à dos noir
1974	Pic tridactyle (Pic à dos rayé)
1977	Alouette hausse-col (Alouette cornue)
1973	Geai bleu
1974	Corneille d'Amérique
1973	Mésange à tête noire
1973	Sittelle à poitrine blanche
1973	Sittelle à poitrine rousse
1973	Grimpereau brun
1974	Merle d'Amérique
1975	Grive litorne
1976	Roitelet à couronne rubis
1978	Jaseur boréal
1974	Jaseur d'Amérique (Jaseur des cèdres)
1973	Pie-grièche boréale
1973	Éoumeau sansonnet
1973	Moineau domestique
1979	Carouge à épaulettes
1975	Vacher à tete brune
1973	Cardinal rouge
1973	Gros-bec errant
1973	Roselin pourpré
1974	Durbec des pins
1977	Sizerin blanchâtre
1973	Sizerin à tête rouge
1974	Tarin des pins (Chardonneret des pins)
1973	Chardonneret jaune
1973	Junco ardobé
1973	Bruant hudsonien
1974	Bruant à gorge blanche
1974	Bruant chanteur
1977	Bruant lapon
1973	Bruant des neiges

MOIS : JANVIER		(1974-1990 : 43 espèces)	
Année de la première observation	Espèces	Année de la première observation	Espèces
1974	Autour des palombes	1974	Sittelle à poitrine rousse
1980	Épervier brun	1975	Grimpereau brun
1976	Buse pattue	1975	Troglodyte mignon (Troglodyte des forêts)
1974	Crécerelle d'Amérique		
1974	Gélinotte huppée	1975	Merle d Amérique
1977	Perdrix grise	1976	Grive litorne
1974	Pigeon biset	1975	Pie-grièche grise
1980	Tourterelle triste	1974	Étoumeau sansonnet
1978	Petit-Duc maculé	1974	Moineau domestique
1975	Grand-Duc d'Amérique	1977	Carouge à épaulettes
1975	Grand Pic	1978	Quiscale rouilleux
1979	Pic à tête rouge	1974	Cardinal rouge
1974	Pic chevelu	1974	Gros-bec errant
1974	Pic mineur	1975	Roselin pourpré
1975	Pic à dos noir	1974	Durbec des pins
1977	Pic tridactyle (Pic à dos rayé)	1974	Sizerin à tête rouge
1976	Alouette hausse-col (Alouette cornue)	1975	Tarin des pins (Chardonneret des pins)
1974	Geai bleu	1975	Chardonneret jaune
1976	Comeille d'Amérique	1975	Junco ardoisé
1974	Mésange à tête noire	1974	Bruant hudsonien
1974	Sittelle à poitrine blanche	1975	Bruant à gorge blanche
		1975	Bruant chanteur
		1975	Bruant des neiges

MOIS : FÉVRIER		(1974-1990 : 41 espèces)	
Année de la première observation	Espèces	Année de la première observation	Espèces
1978	Buse à queue rousse	1974	Grimpereau brun
1974	Buse pattue	1975	Merle d'Amérique
1974	Crécerelle d'Amérique	1976	Grive litorne
1974	Gélinotte huppée	1976	Jaseur boréal
1976	Perdrix grise	1975	Pie-grièche grise
1974	Pigeon biset	1974	Étoumeau sansonnet
1976	Petit-Duc maculé	1974	Moineau domestique
1975	Chouette rayée	1977	Carouge à épaulettes
1978	Grand Pic	1978	Quiscale rouilleux
1979	Pic à téte rouge	1974	Cardinal rouge
1974	Pic chevelu	1974	Gros-bec errant
1974	Pic mineur	1975	Roselin pourpré
1979	Pic à dos noir	1974	Durbec des pins
1975	Alouette hausse-col	1974	Sizerin à tête rouge
1976	(Alouette cornue)	1975	Tarin des pins
1974	Mésangeai du Canada	1975	(Chardonneret des pins)
1974	(Geai du Canada)	1976	Chardonneret jaune
1974	Geai bleu	1974	Junco ardoisé
1974	Corneille d'Amérique	1975	Bruant hudsonien
1974	Mésange à tête noire	1975	Bruant à gorge blanche
1974	Sittelle à poitrine blanche	1975	Bruant chanteur
1974	Sittelle à poitrine rousse	1975	Bruant des neiges

Plus de 190 espèces ont déjà ainsi été observées au Québec durant l'hiver dont une soixantaine de façon régulière et une trentaine d'autres plus ou moins fréquemment; une centaine d'espèces ne sont vues qu'à de rares occasions.

LA MIGRATION PRINTANIÈRE

Chaque printemps, le retour parfois bruyant de ces multitudes d'oiseaux qui reviennent peupler nos régions ne manque pas d'impressionner la plupart des gens, alors que les plus curieux sont fascinés, émerveillés par ce phénomène grandiose.

Avez-vous déjà songé qu'une grande majorité des oiseaux qui viennent passer l'été ici, nous arrivent du Mexique, de l'Amérique centrale et même de l'Amérique du Sud ? Le Goglu, par exemple, que l'on rencontre dans les champs et pâturages des alentours, revient de l'Argentine où il a passé l'hiver! Le champion des migrateurs est cependant la Sterne arctique, ressemblant à une sorte d'hirondelle de mer; elle niche dans le grand Nord l'été pour aller ensuite hiverner dans l'Antarctique, soit un périple de près de 20 000 km. Nos oiseaux les plus communs font cependant des trajets moins spectaculaires, un bon nombre se contentant du sud des Etats-Unis pour échapper à nos rigoureux hivers. Mais la migration est dictée entre autres par la nécessité de trouver des ressources alimentaires suffisantes. Sauf pour quelques espèces spécialement adaptées, l'hiver présente pour la majorité des oiseaux un obstacle vital impossible à surmonter; les régions tempérées offrent cependant plus de nourriture l'été et l'automne, étant ainsi favorables aux activités de reproduction dictées par l'instinct de conservation.

Mais comment s'effectuent les voyages de migration ? Plusieurs mystères restent à élucider concernant la façon dont s'orientent les oiseaux migrateurs. Il semble cependant qu'ils disposent d'un sens inné du temps et que les points de repère visuels, soleil ou constellations, leur permettent de déterminer avec précision leur position exacte. Les migrateurs diurnes sont les premiers à nous revenir. Bien que conditionnés par les changements de température, ils ne peuvent prévoir les caprices du temps et sont malheureusement à la merci de tempêtes, vents violents, cyclones, ouragans, sans parler des obstacles artificiels dressés par l'homme et qui, pour les migrateurs nocturnes, s'àvèrent souvent synonymes de massacres (phares, projecteurs d'aérodromes, tours de télévision, pylônes, fils électriques, etc.). Ces migrateurs nocturnes ont des dates de retour assez constantes et sont plutôt considérés comme migrateurs d'instinct, leur déplacement étant relié à une époque de l'année et non aux variations de température ambiante. Les causes profondes sont çomplexes et pas tout à fait éclaircies; elles peuvent être biologiques (glandes endocrines, entre autres) ou physiques (comme par exemple, la durée de luminosité modifiée selon la saison).

Le déplacement ne s'effectue pas en ligne droite. Comme un nageur entraîné par le courant, les oiseaux dérivent au gré du vent et il leur faut apporter des corrections de trajectoire, ce qui augmente la distance à franchir. Souvent, ils suivent des corridors de migration, longeant les côtes, suivant les crêtes de collines, utilisant des passages en montagne. Ils ont tendance à se déplacer en groupes, sur de larges fronts, se laissant porter par les masses d'air tiède ou d'air chaud; les haltes se font en des points de ralliement où se concentrent parfois des milliers d'individus, la disposition géographique avoisinante pouvant ainsi entraîner de grandes concentrations.

La vitesse normale est de l'ordre de 45 km/h chez les petits oiseaux, 60 km/h chez les rapaces, 75 km/h pour les bécasseaux et oiseaux de rivages alors que les canards se déplacent en moyenne à 90 km/h, cette vitesse de croisière étant supérieure à celle utilisée en temps ordinaire. Les étapes sont habituellement de 500 km à la fois, mais il existe des exceptions; ainsi le martinet franchit 450 km en 4 heures, un toumepierre bagué fut repris à 820 km de son point de départ, 25 heures plus tard; les oies quittant le Québec franchissent 2 800 km en 60 heures, alors qu'un Chevalier à pattes jaunes peut parcourir 3 050 km en 4 jours.

La navigation et l'orientation se font au relèvement, les oiseaux voyageant le jour calculent leur position d'après l'azimuth du soleil à la latitude où ils se trouvent, tandis que ceux voyageant la nuit se réfèrent à la disposition de la voûte céleste. Cependant un ciel nuageux arrête toute progression, les repères visuels étant dissimulés.

Face à une telle réalisation, on ne peut rester indifférent, d'autant plus qu'à l'heure actuelle, il n'existe pas de conclusions déterminantes. Alors qu'on a réussi à faire marcher un homme sur la lune, le mystère de la migration des oiseaux reste irrésolu !

CALENDRIER DES MIGRATIONS

Le printemps, c'est l'apothéose, le retour à l'activité fébrile. Pour les passionnés de l'observation, dresser un calendrier des espèces selon l'ordre de leur arrivée, voilà une occupation captivante. Le système est très simple : après avoir parcouru son secteur durant les mois de janvier et février, on est en mesure de déterminer quels sont les oiseaux qui ont passé l'hiver dans les parages et quels sont les nouveaux qui font leur apparition avec la hausse des températures. Les frontières étant plutôt compliquées à fixer à une grande échelle, une telle procédure a l'avantage de préciser les mouvements qui se font sur un territoire délimité.

C'est ainsi que dès le milieu de février, on peut noter que certaines espèces qui n'avaient pas été vues jusque-là durant l'hiver, font déjà leur apparition. Ce sont la plupart du temps des espèces qui hivernent à l'occasion dans une région adjacente à celle que vous étudiez.

En répétant ce même scénario année après année, vous pouvez dresser une **table d'arrivées** des oiseaux migrateurs dans votre région. À titre d'exemple, voici **celle de la région de Rigaud,** telle que mise à jour au printemps 1980.

Tableau cumulatif

Migration : printemps
Région : Rigaud/Pointe-Fortune
(H : espèces qui hivernent à l'occasion)

FÉVRIER

4 - 1974	Buse pattue (H)
5 - 1974	Comeille d'Amérique (H)
15 - 1975	Grand harle (Grand Bec-scie) (H)
18 - 1976	Bruant des neiges (H)
18 - 1976	Alouette hausse-col (Alouette cornue) (0°C et +)
21 - 1980	Junco ardoisé (H)
21 - 1980	Bruant chanteur (H)
21 - 1980	Carouge à épaulettes
22 - 1975	Merle d'Amérique (H)
22 - 1978	Buse à queue rousse (H)
23 - 1979	Garrot commun (H)
25 - 1979	Canard pilet

MARS

3 - 1979	Goéland argenté
3 - 1979	Goéland à bec cerclé
7 - 1980	Étourneau sansonnet (avec volées migratrices)
7 - 1980	Sturnelle des prés
7 - 1979	Vacher à tête brune (avec volées migratrices)
9 - 1977/80	Crécerelle d'Amérique (H)
9 - 1977	Quiscale bronzé (cf. Julie Marchand)
10 - 1977	Canard branchu
10 - 1977	Fuligule à dos blanc (Morillon à dos blanc)
12 - 1977	Buse à épaulettes (cf. J. Wright)
12 - 1977	Pluvier kildir (cf. Jean Cadieux)
12 - 1977	Tourterelle triste (avec volées migratrices)
13- 1977	Autour des palombes (H)
17 - 1979	Chardonneret jaune (cf. J Cadieux)
20 - 1976	Bernache du Canada
20 - 1977	Busard Saint-Martin (cf. J. Cadieux)
21 - 1976	Grand Héron (cf. J. Cadieux)
23 - 1979	Fuligule milouinan (Grand Morillon)
24 - 1976	Oie des neiges
24 - 1978	Petit Garrot (cf. J Cadieux)
25 - 1976/78	Pie-grièche migratrice
25 - 1476	Quiscale rouilleux
25 - 1978	Épervier brun (H) (cf. P. Bannon)
26 - 1977	Bruant des prés (cf. J Cadieux)
26 - 1976	Tarin des pins (Chardonneret des pins) (H)
27 - 1977	Pygargue à tête blanche
27 - 1976	Bécasse d'Amérique (cf M Pitcairn)
27 - 1976	Canard colvert (H)
27 - 1976	Moucherolle phébi
29 - 1977/80	Canard noir (H)
29 - 1977	Harle couronné (Bec-scie couronné)
29 - 1976	Bruant des champs
30 - 1977	Hirondelle bicolore
31 - 1980	Hibou des marais

AVRIL

2 - 1976/80	Fuligule à collier (Morillon à collier)
2 - 1980	Petit Fuligule (Petit Morillon)
2 - 1980	Goéland marin (Goéland à manteau noir)
2 - 1980	Merlebleu de l'Est
3 - 1976	Martin-pêcheur d'Amérique (cf. J. Cadieux)
4 - 1976	Bécassine des marais
5 - 1976	Pic flamboyant
5 - 1980	Cardinal rouge (H)
5 - 1980	Roselin pourpré
7 - 1976	Sarcelle à ailes vertes
7 - 1976	Canard d'Amérique (Canard siffleur d'Amérique)
7 - 1979	Macreuse brune (Macreuse à ailes blanches)
7 - 1976	Petite Buse
7 - 1979	Aigle royal
7 - 1976	Faucon pèlerin
7 - 1974	Roitelet à couronne dorée
8 - 1979	Urubu à tête rouge
8 - 1980	Fuligule à tête rouge (Morillon à tête rouge)
8 - 1980	Canard chipeau
10 - 1980	Faucon émerillon
10 - 1980	Hirondelle noire
11 - 1977	Macreuse à front blanc
12 - 1977	Grèbe esclavon (Grèbe cornu)
12 - 1977	Grèbe à bec bigarré
12 - 1977	Canard souchet
12 - 1977	Foulque d'Amérique
14 - 1977	Bruant à gorge blanche (cf J Cadieux)
15 - 1977	Sarcelle à ailes bleues
15 - 1977	Pipit d'Amérique
15 - 1978	Bruant vespéral (cf J Cadieux)
16 - 1976	Balbuzard pêcheur (Balbuzard)
17 - 1976	Troglodyte mignon (Troglodyte des forêts)
17 - 1977	Bruant familier
18 - 1974/77	Pic maculé
18 - 1975	Jaseur d'Amérique (Jaseur des cèdres)
19 - 1974	Hirondelle à ailes hérissées
19 - 1974/78	Hirondelle rustique (Hirondelle des granges)
19 - 1974	Bruant fauve

20 - 1976	Moqueur roux
20 - 1976/80	Roitelet à couronne rubis
20 - 1976	Paruline à croupion jaune
21 - 1974	Bihoreau à couronne noire
21 - 1977	Butor d'Amérique
21 - 1976	Petit Chevalier
21 - 1977	Goéland bourgmestre
21 - 1980	Plongeon huard (Huart à collier)
23 - 1974/76	Hirondelle de rivage
26 - 1974	Grive solitaire
26 - 1974	Bruant des marais
26 - 1980	Grand Chevalier
26 - 1980	Hirondelle à front blanc
27 - 1980	Mouette de Bonaparte
27 - 1980	Paruline à couronne rousse
28 - 1976	Moqueur polyglotte
28 - 1979	Grèbe jougris
28 - 1979	Chevalier grivelé (Chevalier branle-queue)
29 - 1976	Héron vert
29 - 1975	Martinet ramoneur
29 - 1974	Troglodyte familier
30 - 1979	Sterne commune

MAI

En mai, c'est vraiment l'explosion. Cette époque incomparable ramène tous les retardataires et toutes les espèces qui n'ont pas encore fait leur apparition.

Deux jeunes amateurs ont ainsi compilé un bilan de 117 espèces en seulement trois jours d'observation au cours de la première semaine de mai. Il ne s'agit peut-être pas là d'un record, mais le fait n'en reste pas moins que le mois de mai est vraiment remarquable.

À titre complémentaire, voici un tableau cumulatif des espèces observées à Rigaud durant chaque mois (de 1973 à 1980) :

Décembre	64	Juin	106
Janvier	43	Juillet	110
Février	41	Août	133
Mars	66	Septembre	129
Avril	118	Octobre	119
Mai	**150**	Novembre	75

À la lumière de ces statistiques, on réalise que le sommet de l'année se situe bien en mai.

L'ÉTÉ DES NICHOIRS

L'observation est de beaucoup facilitée quand les nichoirs sont installés à proximité de chez vous. Le Troglodyte familier, la Mésange à tête noire, l'Hirondelle bicolore, le Tyran huppé, sont autant de locataires que vous pouvez alors accueillir. L'ouverture donnant accès à la maisonnette doit être d'un diamètre approprié, variant de 2,5 cm à 5 cm selon l'espèce. Le Merle d'Amérique requiert plutôt une plate-forme couverte alors que pour l'Hirondelle noire, on doit installer une cabane à logements multiples.

Une certaine vigilance est nécessaire si l'on veut éviter que les moineaux et les étourneaux ne s'emparent des nichoirs. Un bon moyen de les dissuader consiste à condamner l'entrée de la cabane en y plaçant un bout de bois par exemple. On n'a qu'à le retirer vers la mi-avril, lorsque la plupart des moineaux et des étourneaux ont déjà commencé à nicher. Cette tactique les oblige à chercher ailleurs, et vos logis seront ainsi réservés pour des espèces plus intéressantes.

Pour des détails sur la construction de nichoirs, consultez l'excellent livre de Raymond Cayouette : *Nichoirs d'oiseaux*. Un autre ouvrage, plus détaillé celui-là, s'intitule *The Birdhouse Book* par Don McNeil.

L'ÉTÉ DU MERLEBLEU

L'installation de nichoirs au printemps et l'étude d'une espèce en saison de nidification durant l'été s'avère une occupation de plus en plus populaire. C'est le cas spécialement pour les participants au projet visant à favoriser une espèce en voie de disparition : le Merlebleu de l'Est.

Jadis prospère et abondant, le Merlebleu de l'Est fut, au cours des années 80, considéré comme une espèce en sérieux danger d'extinction (déclin de 90% au cours des années 1940 à 1980).

N'ayant à l'origine pratiquement aucun ennemi naturel et, de ce fait, n'ayant développé aucun mécanisme particulier de défense, le Merlebleu était un oiseau couramment observé autour des habitations jusqu'au jour où des gens malavisés ont eu la malencontreuse idée d'introduire en Amérique des moineaux et des étourneaux.

Depuis lors, étant placé en une constante compétition avec ces accapareurs de sites de nidification, le Merlebleu a vu ses problèmes s'accroître avec les années.

Pour corriger la situation, il faut tenter de rétablir l'équilibre rompu. La solution consiste à placer à des endroits appropriés des nichoirs fabriqués spécialement pour le Merlebleu et surveiller ensuite leur installation dans ces maisonnettes.

Maintenant restreint au milieu rural, le Merlebleu préfère les espaces ouverts à proximité de milieux boisés, à bonne distance de toute construction; les vergers, les clôtures longeant les terres cultivées, les pâturages et les champs laissés en friche présentent également des sites propices. Autant que possible, le nichoir doit être placé entre 1 et 2 mètres au-dessus du sol, l'entrée dirigée vers le sud (ou du moins à l'abri des vents dominants) et face à une clôture, un buisson ou un arbre situé à une distance de 10 à 30 mètres pour recevoir les jeunes lors de leur premier vol. Une série de cabanes disposées le long d'un «sentier» rendront le déplacement plus «rentable». L'idéal est de les jumeler avec un écart de 5 mètres entre elles, et distancées de 200 mètres de la paire suivante.

Le début du mois de mars marque le temps de l'installation et de la préparation des nichoirs. Une fois les nichoirs en place ou bien nettoyés, il faut s'engager à visiter les lieux régulièrement, au moins une fois par semaine au début, plus souvent si des intrus tentent de s'accaparer des sites de nidification. Il faut alors se montrer sans pitié pour tout locataire indésirable : les cabanes sont pour le Merlebleu, c'est lui, l'oiseau en danger de disparition, pas les autres ! Pas la peine de s'inquiéter d'un tel état de choses, les autres espèces sont prolifiques et savent bien se débrouiller sans avoir à profiter d'une telle aubaine.

Le cas le plus fréquent est la compétition engagée avec l'Hirondelle bicolore. En installant les nichoirs loin de toute construction, on élimine les moineaux; quant aux étourneaux, ils sont hors d'état de nuire grâce à l'ouverture réduite de l'entrée de la maisonnette. Il faudra donc éjecter tout occupant inopportun et s'il le faut, à plusieurs reprises, de façon à être certain que le message est compris.

Le début d'avril correspond à la période d'arrivée du Merlebleu dans nos régions. Il suffit de se montrer vigilant lorsqu'on fait sa tournée pour apercevoir un mâle perché au sommet d'un arbre avoisinant. La plus grande discrétion s'impose alors. Il s'agit de limiter sa présence au minimum à proximité du nichoir élu. Une vérification s'impose néanmoins : j'ai déjà vu un nid de troglodyte ou d'hirondelle construit par-dessus celui d'un Merle bleu. Il est de plus recommandé de garder le nichoir le plus proche à la disposition du Merlebleu en prévision d'une deuxième nichée.

En jumelant les nichoirs placés à 5 mètres l'un de l'autre, on évite qu'ils soient tous accaparés par les hirondelles. J'ai pu observer un Merlebleu installé dans un nichoir ainsi disposé, et une Hirondelle bicolore installée tout près semblait bien s'en accomoder. Il est probable qu'à cette distance, elle n'aurait pas toléré un autre couple de sa propre espèce.

Quand le couple est bien fixé, deux visites par semaine représentent le dérangement maximal. Quatre à six œufs bleu pâle (quelquefois blancs) sont déposés dans un nid fait de tiges, d'écorce et de plantes herbacées. La couvaison dure environ 12 jours. Une fois sorti de l'œuf, l'oisillon reste au nid de 15 à 19 jours. Les vérifications sont alors importantes car, à cette époque, les jeunes peuvent être parasités par des insectes (ressemblant à des sangsues) dont il faut débarrasser le nid et les oiseaux en les nettoyant (heureusement, ce phénomène n'est pas très fréquent dans nos régions). Vers la fin de cette période, on doit se montrer vigilant pour pouvoir vider le nichoir et le nettoyer afin de permettre au couple d'entreprendre une deuxième nichée. Le mâle s'occupe alors des premiers rejetons tandis que la femelle s'affaire à retaper le logis ou à trouver un emplacement pour bâtir un nouveau nid.

À la fin du mois d'août, les jeunes de la première nichée prennent généralement la direction du sud, alors que l'on peut observer les adultes et leurs derniers-nés jusqu'à la fin de septembre.

Monsieur J. Graham Patriquin de Lennoxville m'a fait parvenir ses observations personnelles concernant le passage du merlebleu. De 1976 à 1979, il a noté la présence de merlebleus venant «inspecter» les maisonnettes, à la fin de septembre ou au début d'octobre. Au printemps suivant, elles étaient réclamées vraisemblablement par les visiteurs de l'automne précédent !

En juillet 1993, Robert et Diane Saint-Onge ont eu la surprise de voir un merlebleu fréquenter les nichoirs adossés à la clôture de leur cour durant toute une fin de semaine. Le mâle avait déposé quelques brindilles dans deux des trois maisonnettes.

Cette tâche, qui semble au départ accaparant, apporte toutefois beaucoup de satisfaction. Il y a bien sûr les efforts couronnés de succès, mais il y a aussi le fait qu'une telle occupation permet de patrouiller fréquemment un milieu plein de surprises agréables en temps de migrations. Ainsi, un tel travail de surveillance m'a permis d'observer des espèces aussi exceptionnelles que la Paruline polyglotte, le Bruant des plaines, le Viréo à gorge jaune, le Moucherolle à côtés olive, le Coulicou à bec noir, le Bruant des champs et le Bruant sauterelle. De toute façon, on a là une occasion répétée de parcourir un habitat riche en espèces variées, tout en appuyant un projet de conservation des plus captivants.

Nichoir conventionnel pour Merlebleu

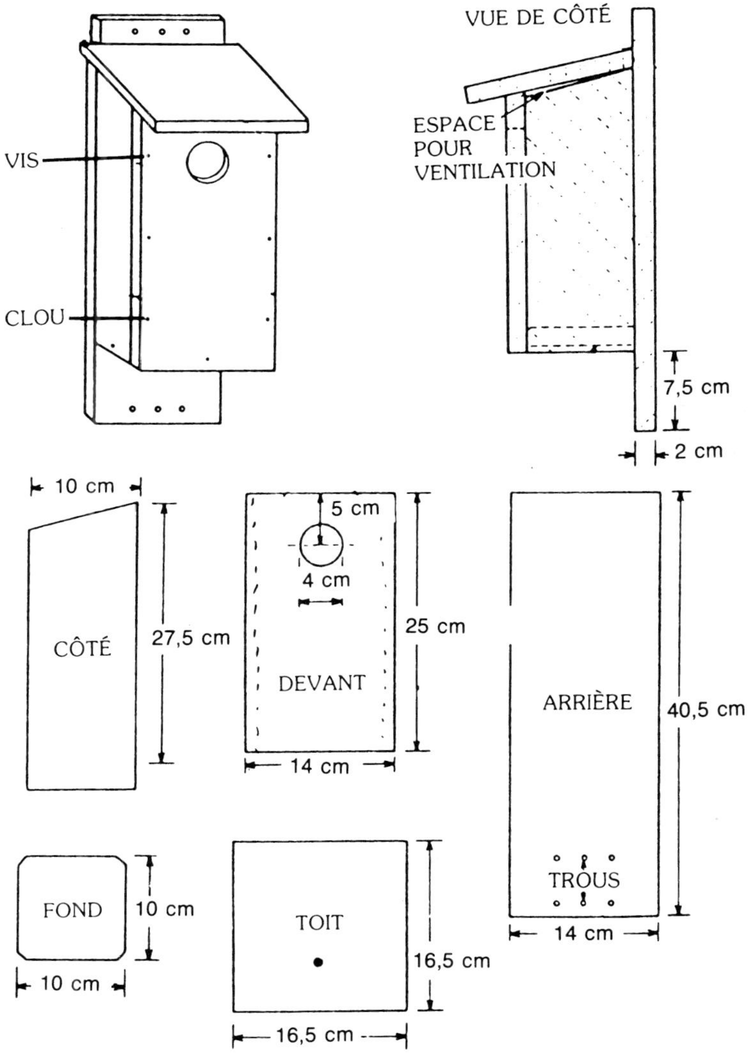

L'ÉTUDE DES NIDS

La majorité des oiseaux construisent eux-mêmes leurs propres nids. Pour **localiser** l'endroit recherché par ceux-ci, on n'a qu'à noter où se trouvent les nids de la saison précédente. En parcourant un secteur, on peut les voir facilement avant que ne poussent les feuilles. Vous trouverez alors des nids placés à différentes hauteurs : il y en a au sol, près du sol, dans les arbustes, dans les arbres à tous les niveaux de la ramure. Leur grosseur et leur forme dénotent qu'il s'agit de nids d'espèces distinctes. On n'a par la suite qu'à surveiller le retour des oiseaux dans ce secteur pour repérer le lieu de nidification précis, les oiseaux revenant généralement au même endroit d'une année à l'autre. Une méthode également efficace consiste à suivre les allées et venues d'un oiseau transportant du matériel pour la construction du nid. Il existe une autre façon de procéder lorsque la saison est plus avancée : épier les adultes qui transportent de la nourriture pour les jeunes fraîchement éclos. Il existe d'excellents guides pour l'identification des nids, des œufs et des jeunes.

Il est formellement interdit de collectionner des œufs ou d'enlever un oisillon de son nid.

Pour ceux qui veulent étudier les nids, le meilleur temps pour en faire la cueillette est la fin de l'été lorsque les oiseaux ont complété leur saison de nidification et avant que les intempéries ne viennent trop les endommager. Pour faciliter la classification, on joint une étiquette indiquant la provenance, la localisation, la hauteur du nid et l'espèce y ayant niché.

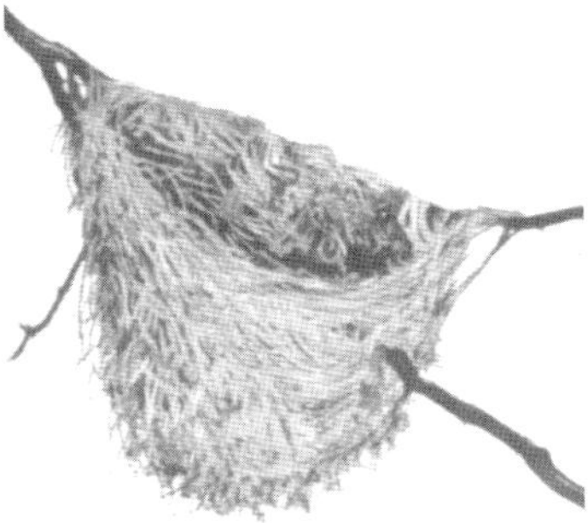

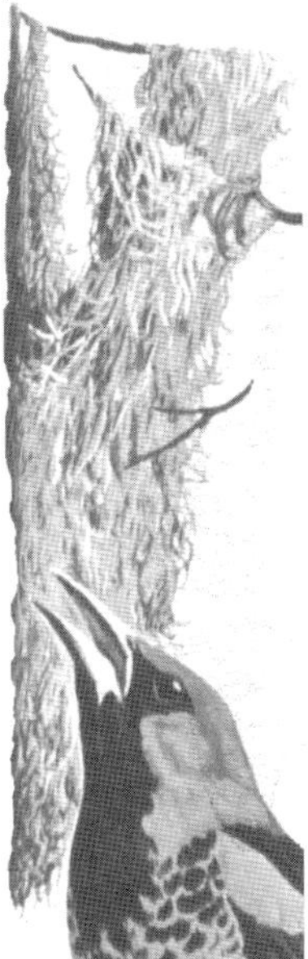

ÉTUDE D'UNE ESPÈCE EN PÉRIODE DE NIDIFICATION

Un des aspects les plus fascinants est l'étude du comportement des oiseaux en période de nidification. On peut alors accumuler une foule de données sur les habitudes des parents et sur les réactions des jeunes au nid; classer ces observations et chercher des traits communs permettent d'établir une image plus précise de la manière d'agir de l'espèce observée.

À titre d'exemple, voici des observations faites concernant un nid de Chardonnerets jaunes.

Abréviations : m : mâle
f : femelle

Nid : placé à environ 4 mètres du sol; dans un jeune érable de 5 mètres de haut; fixé à l'intersection de quatre branches.

29 juin 1979 :

9h 25 : f couve; m passe en vol et va se poser sur l'antenne de la maison adjacente; échange de cris entre les partenaires; m repart moins d'une minute après;

— f change de position; elle nettoie les plumes de son aile droite;

— deux Quiscales bronzés, viennent se poser dans le saule tout près de là (10 mètres); f s'écrase sur le nid et ne bouge plus; aussitôt les quiscales partis, elle reprend sa toilette;

9h 32 : f quitte le nid en émettant des cris à l'envol;

9h 34 : f de retour en compagnie de m; f nourrit d'abord les jeunes tout en échangeant des cris avec m;

— elle se réinstalle à nouveau pour couver tout en échangeant des cris avec m; départ de m et silence; f reprend sa toilette tout en jetant de fréquents regards à sa couvée;

9h 40 : f accorde de plus en plus d'attention à sa couvée, changeant fréquemment de position (à toutes les 2 ou 3 minutes en moyenne);

9h 50 : arrivée de deux jeunes Hirondelles rustiques accompagnées d'un adulte; les trois se posent sur le fil téléphonique relié à la maison; f surveille attentivement ce groupe sans broncher;

9h 52 : m vient se poser dans le saule à proximité et échange encore des cris avec f; f émet beaucoup plus de cris que m; m repart;

10h 01 : f quitte le nid;

10h 03 : f de retour; nourrit les jeunes et s'installe à nouveau pour couver;

10h 07 : m survole le nid sans arrêt en échangeant des cris avec f;

— m repart; f somnole, fermant les yeux qu'elle rouvre très souvent, scrutant soigneusement les alentours au moindre bruit;

10h 10 : m vient nourir f au nid; f nourrit ensuite les jeunes;

10h 13 : la nourriture distribuée, f couve;

N.B.: durant le transfert de nourriture de m à f, f en train de couver relève la tête et frémit de toutes ses plumes pendant que m introduit son bec dans celui de f ;

10h 19 : deux Merles d'Amérique poursuivant un Quiscale bronzé passent tout près; les cris d'alarmes des poursuivants alertent f;

10h 23 : f soigne un jeune puis couve à nouveau; une troupe de vachers survolent son arbre, f les suit du regard;

10h 28 : f part;

10h 39 : f de retour, arrivant directement au nid; couve pendant une minute puis nourrit les jeunes par regurgitation : pour extraire la nourriture de son jabot, f se livre à des mouvements du bec et de la langue; f couve;

N.B. : quand f couve, elle interrompt souvent sa tâche pour faire l'entretien de son plumage;

— les cris d'alarme d'un merle la font se placer aux aguets, sur le rebord du nid; après un bref instant, elle se replace pour continuer à couver; f suit du regard deux Jaseurs d'Amérique qui viennent se poser dans le saule : f nourrit les jeunes par régurgitation;

10h 45 : alimentation interrompue par le passage de deux autres jaseurs en vol émettant leurs cris aigus;

10h 50 : m passe à proximité; échange de cris et m vient se poser dans l'arbre, tout près, échange de cris et m repart;

1 lh 03 : m vient nourrir f au nid; f nourrit ensuite jeunes pendant 3 minutes puis couve;

11h 15 : m vient se poser dans le gros érable de l'autre côté de la clôture; bref échange de cris;

11h 27 : f quitte le nid et se joint à m; brève séance de vol en duo et retour au nid de f à 11h 28; m s'éloigne.

Ces deux heures d'observation attentive des allées et venues des chardonnerets donnent une bonne idée des activités imposées par le soin de très jeunes oisillons; pour que le tableau soit véritablement significatif, il faut reprendre fréquemment ces séances d'observations et sur une période assez étendue, de préférence durant tout le temps que l'action est centrée sur le nid.

Pour celui qui est vraiment passionné par l'étendue d'une espèce spécifique, je recommande l'ouvrage de Donald W. Stokes, *Nos oiseaux*, en trois volumes, publiés aux Éditions de l'Homme. Véritables bijoux, ils sont, à mon avis, parmi les meilleurs dans ce genre.

La migration d'automne

Le départ vers les contrées du sud s'échelonne du milieu d'août au milieu de novembre; certains retardataires poussent parfois l'audace jusqu'à tenter d'hiverner dans nos régions. Quelques individus de certaines espèces peuvent ainsi passer la saison froide avec nous. Mais la majorité des oiseaux partent pour des cieux plus cléments, les possibilités de nourriture se faisant plus rares avec la fin de l'automne. Ce sont d'abord les oiseaux de rivage qui amorcent leur périple vers le sud, suivis des insectivores comme les parulines. C'est **la fantastique odyssée des migrateurs.**

Des côtes de l'Atlantique, à destination de l'Amérique du Sud, via les Bermudes et les Caraïbes, les radars ont détecté plus de 100 millions d'oiseaux s'élançant ainsi au début d'octobre, vers leurs quartiers d'hiver.

Ces oiseaux, pour la plupart des parulines, des bécasseaux et des pluviers, amorcent leur extraordinaire voyage la nuit suivant le passage d'un front froid soufflant au-dessus de la côte atlantique en direction sud-est. Ils partent alors par vagues de milliers à la fois; à Cape Cod, par exemple, on a pu détecter jusqu'à 12 millions de migrateurs par nuit se lançant vers le milieu de l'Atlantique, direction sud-est. Ce périple de plus de 3 000 kilomètres leur prendra en moyenne 84 heures de vol, sans arrêt !

Conduite pendant six ans, sur une période couvrant la dernière semaine de septembre et les deux premières d'octobre, l'expérience utilisa neuf groupes-radars situés sur la côte atlantique, aux Bermudes, aux Antilles (Antigua et Tobago), en Amérique du Sud et sur différents bateaux postés en mer sur cette trajectoire. On a ainsi relevé l'allure générale du mouvement : les oiseaux s'envolent vers le sud-est et gardent cette orientation constamment; arrivés dans la région de la mer des Sargasses, ils sont alors poussés par des vents latéraux qui les entraînent en direction sud-ouest vers l'Amérique du Sud.

La migration est donc fortement dépendante des conditions atmosphériques. Par exemple :

le 3 octobre 1973	le départ s'effectue de la côte atlantique, entre la Nouvelle-Écosse et la Virginie. Un front froid vient de balayer une zone s'étendant de Halifax à Cape Cod.
le 4 octobre 1973	le système reste stationnaire; les oiseaux continuent à s'y engager et atteignent les Bermudes au milieu de l'après-midi.
le 5 octobre 1973	ils sont signalés entre les Bermudes et les Caraïbes alors qu'ils changent de direction.
le 6 octobre 1973	la masse des migrateurs atteint les Caraïbes; passent à Antigua durant la journée et arrivent aux Barbades en soirée.

La première partie du trajet est rapide(côte-Bermudes) :	18 heures
La seconde, plus lente (Bermudes-Antigua) :	48 heures
D'Antigua aux Barbades, on compte :	6 heures
Atteindre le continent sud-américain de cet endroit :	12 heures
Pour un total moyen de :	84 heures

et ce, sans aucun arrêt, dans la majorité des cas.

Il s'agit du plus grand exploit en heures de vol et en distance parcourue par de petits oiseaux. Ces derniers atteignent même une altitude record en cours de route : 6 500 mètres dans le secteur d'Antigua. L'altitude varie selon le palier où se trouvent les vents utilisés pour le déplacement. La vitesse varie également; la moyenne pour tout le périple est de 35 km/heure avec des minimums moyens de 15 km/heure et des maximums moyens de 80 km/heure.

Si, par malheur, il se produit un brusque changement de température, une tempête, une tornade ou un cyclone, peu d'oiseaux ainsi surpris ont une chance de survie. Cette situation s'est présentée deux fois au cours des 93 jours qu'ont duré les observations. Habituellement, soit 98 p. 100 du temps, les conditions atmosphériques sont aisément prévisibles. D'abord le front froid au-dessus de la côte, orientation sud-est, indicatif de beau temps jusqu'à la mer des Sargasses où les vents, orientés sud-ouest, leur assurent un ciel clair jusqu'en Amérique du Sud. Reste les 2 p. 100 de risques...

Mentionnons cependant que cette route au-dessus de l'océan raccourcit le voyage de 2 800 kilomètres par rapport à celle qui suit la côte atlantique jusqu'en Floride avant de tourner vers Cuba, Porto-Rico et les petites Antilles. De plus, les vents du large sont généralement favorables. En outre, en pleine mer, il y a moins de risques «d'accidents de terrain» ou d'oiseaux de proie.

Cette réalisation est vraiment extraordinaire; en effet, l'effort déployé par les oiseaux correspondrait à la performance d'un homme courant à 25 km/heure pendant 80 heures sans arrêt ! L'énergie utilisée par l'oiseau est d'un taux de rendement imbattable, soit, en comparaison, pour une automobile, un rendement d'environ 300 000 km au litre.

Exploit pratiquement incroyable pour des oiseaux de la grosseur d'un moineau. Cette étonnante réalisation est due aux particularités de la gent ailée : musculature développée, système respiratoire unique, faculté de navigation encore inconnue de l'homme, résistance insoupçonnée, système sanguin distinctif, etc.

En somme, il nous en reste encore beaucoup à apprendre, n'est-ce-pas ?[1]

[1](Traduit et adapté de l'article suivant : • An oceanic mass migration of land birds • de T. & J. Williams, Scientific American, Octobre 1978, pp. 166-176)

DE PLUSIEURS FAÇONS

Depuis le début de ces pages, nous avons tenté de vous donner un **aperçu de la diversité que présente l'observation des oiseaux.** Pour compléter le tout, nous signalons deux autres sujets qui sont en eux-mêmes une ouverture sur un monde pratiquement illimité : l'étude des cris et des chants d'oiseaux, et la documentation diversifiée reliée à l'ornithologie en général.

CRIS ET CHANTS D'OISEAUX

Voici une nouvelle orientation que peut prendre votre passe temps : l'étude des cris et des chants. Il faut certes quelques qualités particulières pour devenir un as en ce domaine mais bon nombre d'oiseaux peuvent s'identifier facilement à leurs cris ou à leurs chants. Il existe sur le marché des disques et des cassettes qui facilitent l'apprentissage. Ainsi, «**Le Guide Sonore des Oiseaux du Québec**» de Jean Bédard, présente environ 80 espèces, les plus communes, réparties selon l'habitat, ce qui est avantageux pour le débutant. Quant aux disques de Peterson, ils sont destinés à accompagner le livre d'identification et la présentation correspond à l'ordre du volume, le numéro de la page et l'espèce concernée étant au début de chaque phrase musicale.

La connaissance d'un certain nombre de chants est indispensable pour l'observateur méticuleux car elle permet de localiser l'oiseau plus aisément et oriente la recherche dans une direction plus spécifique et parfois même, pour l'habitué, permet l'identification immédiate.

Une autre utilisation répandue consiste à faire jouer l'enregistrement d'un chant d'oiseau pour attirer celui-ci. Croyant son territoire envahi par un intrus, le propriétaire des lieux ne tarde pas à se montrer, cherchant activement la provenance du contestataire. On assiste alors à une variété de manœuvres visant à affirmer l'occupation du secteur; on remarque également des signes de nervosité chez l'occupant qui n'arrive pas à trouver son opposant. Cette tactique est donc à être utilisée de façon sélective; on ne doit pas en abuser, car on risque de déranger sérieusement l'oiseau en place, voire même de le faire fuir.

En consultant le texte du livre d'identification, vous verrez une section consacrée aux chants et dans laquelle on utilise des phrases ou mots mnémotechniques permettant de retenir les notes plus facilement. Ici encore, chacun peut y aller de son propre système, mais l'observateur averti ne peut se permettre de négliger cet aspect du comportement de l'oiseau.

Lorsque vient le temps d'étudier les mœurs et habitudes d'une espèce en particulier, c'est le chant qui domine les manifestations les plus évidentes de la vie de l'oiseau. On peut établir l'ordre dans lequel les oiseaux se manifestent au lever du jour en sachant reconnaître les chants les plus usuels. Ainsi, le 2 juillet 1979, de 4h00 à 8h00, j'ai pu noter vingt espèces différentes d'après leurs vocalises; les voici présentées dans l'ordre chronologique :

Merle d'Amérique; Bruant familier; Vacher à tête brune; Pic chevelu; Sittelle à poitrine blanche; Pioui de l'Est; Bruant chanteur; Pluvier kildir; Chardonneret jaune;

Hirondelle rustique (Hirondelle des granges); Viréo aux yeux rouges; Quiscale bronzé; Martin pêcheur d'Amérique; Étourneau sansonnet; Moineau domestique; Hirondelle bicolore; Tyran tritri; Oriole du nord; Moucherolle tchébec; Carouge à épaulettes.

Documentation écrite

Pour les appétits insatiables, il y a encore place pour d'autres occupations. L'appartenance à un club permet de participer à des réunions, des discussions, des présentations audio-visuelles de toutes sortes.

Revues spécialisées :

Pour le chercheur solitaire, **l'abonnement à certaines revues spécialisées offre une série de sujets susceptibles de faire l'objet d'études personnelles plus poussées.**

À titre d'exemples, voici trois revues d'orientation distincte mais d'un intérêt certain :

«**Birder's World**», publié par Birder's World Inc. (44 E., 8th Street, Suite 410, Holland, MI 49423).

Les articles sont des plus intéressants, et les sujets variés; les textes sont accompagnés de photographies d'une qualité exceptionnelle. Le summum dans le domaine des revues spécialisées.

Voici à titre d'exemple le contenu du numéro de Novembre-Décembre 1993 : article de fond sur le Grimpereau brun; la façon dont les oiseaux dorment; la Buse à ailes marron; des oiseaux d'Australie, etc. Des chroniques sur les meilleurs sites d'observation, la façon d'attirer les oiseaux, l'art, le calendrier des activités, le coin des oiseaux rares; une galerie de photos extraordinaires; aperçu de publications récentes, etc. Une foule d'annonceurs proposent des produits de toutes sortes, pour tous les goûts.

«**Birding**», publié par The American Birding Association Inc. (A.B.A.) (Box 4335, Austin, Texas 78765).

Publication d'un club regroupant des milliers d'observateurs aux États-Unis et au Canada, cette brochure traite surtout de techniques d'observation et d'identification, l'accent étant mis sur le «sport» consistant à dresser les listes les plus imposantes dans chaque province, dans chaque état, dans chaque pays. Des fiches concernant des endroits à visiter sont jointes à chaque numéro et donnent des détails sur la façon de s'y rendre et sur les espèces qu'on peut y trouver.

«**The Auk**» est une publication de l'American Ornithologists' Union (A.O.U.) (National Museum of Natural History, Smithsonian Institute, Washington, D.C. 20560).

Cette revue très spécialisée présente le résultat des plus récentes recherches en ornithologie.

L'inconvénient majeur réside évidemment dans le fait que ces revues sont en anglais. Cependant, il y a maintenant des revues spécialisées de la sorte en français : entre autres, «**Québec-Oiseaux**». Les publications des clubs francophones du Québec fournissent elles aussi une documentation intéressante. Ce qui vient d'Europe est habituellement relié à l'avifaune de ce continent et concerne peu les oiseaux que l'on rencontre chez nous. Même dans les ouvrages traitant d'ornithologie en général, les exemples sont évidemment pris à partir d'espèces européennes.

Au Service canadien de la Faune (Section de la distribution, Ottawa, Ontario KlA OE7) on peut se procurer des **fiches gratuites sur une trentaine d'espèces** d'oiseaux répartis en six groupes : oiseaux aquatiques, autres oiseaux nageurs, galliformes, oiseaux de proie et autres oiseaux terrestres.

Livres traitant d'oiseaux :

Nous pouvons dire que les livres traitant d'ornithologie sont légions et que les quelques volumes mentionnés dans les pages précédentes n'en sont qu'une infime partie. On peut se monter une **bibliothèque** de volumes dédiés à différents aspects de l'étude des oiseaux. Il y a des livres d'identification pour les oiseaux de tous les coins du monde, des listes détaillées reliées à des régions bien précises, des livres inventoriant les endroits où se rendre pour l'observation, des livres de formation générale, des livres traitant d'une famille d'oiseaux ou d'une espèce en particulier. Il y en a vraiment pour tous. Certains clubs offrent même certains de ces volumes à des prix plus avantageux qu'en librairie. Parmi les livres de références en français, vous pourriez consulter entre autres :

Austin, Olivier et Singer, Arthur, *Familles d'oiseaux,* La Prairie, Éditions Broquet, 1990.

Breen, Kit Howard, *La Bernache du Canada,* La Prairie, Éditions Broquet, 1994.

Brûlotte, Suzanne et Le Brun, Susy, *S'apprivoiser aux oiseaux,* La Prairie, Éditions Broquet, 1989.

Brûlotte, Suzanne et Le Brun, Susy, *Les oiseaux d'eau,* La Prairie, Éditions Broquet, 1990.

Brûlotte, Suzanne et Le Brun, Susy, *Des oiseaux à protéger,* La Prairie, Éditions Broquet, 1991.

Burnett, James A., Dauphiné, T. Charles, McCrindle, Sheila H. et Mosquin, Ted, *La nature aux abois,* (les espèces menacées de disparition au Canada), La Prairie, Éditions Broquet, 1989.

Cameron, Ad et Perrins, Christopher, *Le monde des oiseaux,* Bruxelles, Elsevier, 1976.

Cayouette, Raymond et Grondin, Jean-Luc, *Les oiseaux du Québec,* Charlebourg, Société zoologique du Québec, 1978.

Cayouette, Raymond et Grondin, Jean-Luc, *Nichoirs d'oiseaux,* Charlebourg, Société zoologique du Québec, 1978.

Commission internationale des noms français des oiseaux, *Noms français des oiseaux du monde,* Québec, Édition MultiMondes inc./France, Éditions Chabaud, 1993.

Crowley, Kate et Ling Mike, *Magie du Huart,* LaPrairie, Éditions Broquet, 1990.

David, Normand et Gosselin, Michel, *Observer les oiseaux au Québec,* Montréal, Québec-Science Éditeur, 1981.

Godfrey, W. Earl, *Les Oiseaux du Canada*, Ottawa, Musée canadien de la nature/LaPrairie, Éditions Broquet, 1989.

Godfrey, W. Earl, *Encyclopédie des oiseaux du Québec*, Montréal, Éditions de l'Homme, 1989.

Lane, Peter, *L'alimentation des oiseaux*, LaPrairie, Éditions Broquet, édition révisée 1993.

National Geographic Society, *Les oiseaux de l'Amérique du Nord*, Guide d'identification, LaPrairie, Éditions Broquet, 1987.

Pasquier, Roger E., *Watching Birds*, Boston, Houghton Mifflin, 1977.

Peterson, Roger Tory, *Guide des oiseaux de l'Amérique du Nord* (à l'est des Rocheuses), LaPrairie, Éditions Broquet, (nomenclature révisée) 1994.

Peterson, Roger Tory, *Oiseaux* (les petits guides Peterson), LaPrairie, Éditions Broquet, 1990.

Peterson, Roger Tory, *Les oiseaux* (collection Jeunesse), Time-Life, 1969.

Pettingill, Olin S., Jr, *Ornithology in Laboratory and Field*, Minneapolis, Minn., Burgess Publishing, (4e édition, 1970).

Robbins, Chandler S., Bruun, Bertel et Zim, Herbert S., *Guide des oiseaux de l'Amérique du Nord*, La Prairie, Éditions Broquet, (nouvelle nomenclature) 1994.

Société zoologique de Québec, *Les oiseaux de l'Amérique du Nord, Liste taxonomique et index des noms français, anglais et scientifiques,* Québec, Éditions La Liberté, 1989.

Cours d'ornithologie :

Cornell Laboratory of Omithology, 159 Sapsucker Wood Road, Ithaca, New York 14850).

Le **cours d'ornithologie par correspondance** offert par cette institution est divisé en neuf leçons comprenant un texte et un questionnaire relié à ce texte; à l'envoi du premier questionnaire dûment rempli, on vous retoume le résultat et la leçon suivante; le tout est couronné par un diplôme émis par Cornell.

Mais peut-être se donne-t-il des **cours aux adultes** à l'institution la plus près de chez vous. Informez-vous auprès des écoles, régionales, ou universités des environs.

En fin de compte, l'étude des oiseaux offre vraiment un éventail complet pour tous les goûts, en tout temps et d'une certaine manière, de façon illimitée. . .

CONCLUSION

Un dernier mot...

Pour couronner sept années d'observations intenses et d'étude approfondie du monde des oiseaux, j'ai voulu **partager** avec tous ceux qui veulent s'y intéresser, un enthousiasme toujours grandissant pour un passe-temps qui est devenu pour moi plus qu'un moyen de détente, plus qu'une évasion du rythme essoufflant de la vie quotidienne, plus qu'un simple «hobby» agréable, mais, bien au-delà, un sujet constant **d'émerveillement** et de **réflexion,** une partie intégrante de ma vie.

Guy Huot

notes

notes

notes